Weisheiten aus Jahrtausenden

Wallace D. Wattles

Die Wissenschaft vom
Reichwerden

⚬ The Science of Getting Rich ⚬

Aus dem Amerikanischen
von Günter W. Kienitz

Wallace D. Wattles: Die Wissenschaft vom Reichwerden
Titel der Originalausgabe: The Science of Getting Rich
2. Auflage: Januar 2019
© 2019 by Günter W. Kienitz
Internet: wiewirdenken.net

Bibliografische Information der Deutschen Nationalbibliothek:
Die Deutsche Nationalbibliothek verzeichnet diese Publikation in der Deutschen Nationalbibliografie; detaillierte bibliografische Daten sind im Internet über http://dnb.dnb.de abrufbar.

Umschlaggestaltung: Bettina Kienitz
unter Verwendung des Bildes *Das Frühstück der Ruderer* von Pierre-Auguste Renoir

Herstellung und Verlag: BoD – Books on Demand, Norderstedt

ISBN: 978-3-7460-6414-7

Inhaltsverzeichnis

Über dieses Buch

Ende 2004 brach für eine Frau am anderen Ende der Welt das Leben zusammen. Sie hatte sich bis zur Erschöpfung überarbeitet, ihr Vater war plötzlich gestorben, ihre Beziehungen waren eine einzige Katastrophe, und sie war völlig verzweifelt. Sie weinte viel in dieser Zeit, erzählte sie später.

In dieser Situation bekam sie von ihrer Tochter ein Buch geschenkt, das ihr in und aus der Krise helfen sollte. Das Buch tat mehr als das, es veränderte ihr Leben total.

Wenn du irgendwann den Film *The Secret – Das Geheimnis* gesehen hast, kommt dir diese Geschichte wahrscheinlich bekannt vor. Sie wird in der Eingangssequenz erzählt und schildert eine Phase im Leben der australischen Drehbuchautorin und Fernsehproduzentin Rhonda Byrne.

Der Titel des Buches, das sie dazu inspirierte, *The Secret* zu produzieren, bleibt im Film leider ein Geheimnis. Doch in Interviews hat Rhonda Byrne ihn später verraten: *The Science of Getting Rich* von Wallace D. Wattles; das Buch also, dessen Übersetzung du gerade in Händen hältst.

Geschrieben hat Wallace D. Wattles es vor über hundert Jahren, erstmals veröffentlicht wurde es 1910, nachdem er Jahre lang die Prinzipien des Reichwerdens erforscht und gelebt hatte. In bescheidenen Verhältnissen geboren und groß geworden, starb der ehemals mittellose Landarbeiter im Jahr nach der Veröffentlichung des Buches als wohlhabender Mann.

Für ihn selbst hat seine Methode funktioniert, für zahllose Menschen, die das Buch gelesen und seiner Anleitung folgend gedacht, gehandelt und gelebt haben, ebenfalls.

Der Inhalt des Buches ist einfach und kurz gehalten, denn es sollte für jedermann verständlich sein. Deshalb ist es leicht zu lesen. Doch mit dem bloßen Lesen ist es nicht getan. Das Buch kann seine Wirkung nur entfalten, wenn du die Erkenntnisse, die es vermittelt, in dein Leben übernimmst und entsprechend denkst und handelst; wenn du *Die Wissenschaft vom Reichwerden* zu deiner persönlichen Lebensphilosophie machst.

Vielleicht fragst du dich, ob ein so alter Schinken auch heute noch Sinn macht, wo sich die Welt in den vergangenen hundert Jahren doch ganz erheblich verändert hat? Die Antwort lautet: ja! Denn die universellen Prinzipien sind dieselben wie vor hundert, tausend und mehr Jahren.

Schau dich um in der Welt. All die Selfmade-Millionäre und -Milliardäre unserer Tage verdanken ihren Reichtum sicher nicht dem blinden Zufall, sondern vielmehr ihrer eigenen Vision, dem Glauben an sich selbst und der festen Absicht, ihre Vorstellungen Wirklichkeit werden zu lassen.

Sich selbst als steinreich zu visualisieren, ist nicht jedermanns Sache. Zum Glück ist das aber gar nicht nötig, denn den meisten Menschen genügt eine wesentlich kleinere finanzielle Größenordnung, um sich reich zu fühlen.

Ich wünsche dir eine klare Vision, unerschütterliches Selbstvertrauen und die feste Absicht, dein Ziel zu erreichen.

Januar 2018 – Günter W. Kienitz

PS: Personen, deren Namen im Buch fett gedruckt erscheinen, werden – in Ergänzung des Originaltextes - im Anhang kurz vorgestellt. Auch die Fußnoten stammen nicht vom Autor, sondern wurden vom Herausgeber hinzugefügt.

Vorwort des Autors

Dieses Buch ist pragmatisch, nicht philosophisch; ein prakti-sches Handbuch, keine Abhandlung über Theorien. Es richtet sich an Männer und Frauen, die in erster Linie dringend Geld be-nötigen; die erst einmal reich werden und danach philosophieren wollen. Es ist für all jene Menschen, die bisher weder die Zeit, noch die Mittel oder die Gelegenheit gefunden haben, sich inten-siv mit dem Studium der Metaphysik[1] zu befassen, aber trotzdem Resultate sehen wollen, und die willens und bereit sind, die Schlussfolgerungen dieser Wissenschaft als Grundlage für ihr Han-deln anzunehmen, ohne sich lang und breit mit all den Schritten und Vorgängen auseinanderzusetzen, die zu diesen Erkenntnissen geführt haben.

Ich baue darauf, dass mir der Leser die grundlegenden Aussagen genauso glaubt, wie er Aussagen über die Gesetze der Elektrizität glauben würde, wenn ein **Marconi** oder ein **Edison** sie verkünde-te; und dass er im Glauben an diese Aussagen deren Richtigkeit selbst beweisen wird, indem er ohne Angst und Zögern sein Han-deln daran ausrichtet.

Jeder, der das tut, wird mit Sicherheit reich werden, denn die hier angewandte Wissenschaft ist eine exakte Wissenschaft, und ein Misserfolg ist unmöglich. Für all jene aber, die sich gerne einge-hender mit den philosophischen Theorien befassen und ihren Glauben auf ein logisch begründetes Fundament stellen möchten, werde ich hier und da einige Autoritäten auf dem Gebiet zitieren.

Die monistische Theorie des Universums, die besagt, dass das Eine alles und alles Eins ist, und dass sich eine einzige Substanz in den

---

1 Metaphysik: Grunddisziplin der Philosophie, die sich mit dem, was hinter der mit den Sinnen erfahrbaren Welt liegt, und dem Sinn, Zweck und Wesen der Realität und allen Seins befasst.

scheinbar vielen Elementen der materiellen Welt manifestiert, hat ihren Ursprung im Hinduismus[2] und breitet sich seit rund zweihundert Jahren ganz allmählich im Denken der westlichen Welt aus. Der Hinduismus bildet die Basis aller orientalischen Philosophien sowie der Gedankenwelten von **Descartes**, **Spinoza**, **Leibniz**, **Schopenhauer**, **Hegel** und **Emerson**.

Dem Leser, der sich intensiver mit den philosophischen Grundlagen beschäftigen will, empfehle ich, die Werke von **Hegel** und **Emerson** zu studieren.

Beim Schreiben dieses Buches habe ich zugunsten eines schlichten, einfachen Stils auf alle anderen Erwägungen verzichtet, damit es jedermann verstehen kann. Dem Handlungsplan, den ich im Folgenden darlege, liegen philosophische Schlussfolgerungen zugrunde. Er wurde gründlich getestet und mit Erfolg der strengsten aller Prüfungen, dem praktischen Experiment, unterzogen, und es hat sich erwiesen: er funktioniert. Wenn du wissen möchtest, wie ich zu meinen Schlussfolgerungen gekommen bin, lies am besten die Werke der oben genannten Autoren; und wenn du die Früchte der Philosophien dieser Denker in deinem täglichen Leben ernten willst, dann lies das vorliegende Buch und folge gewissenhaft all dem, was es dir rät und empfiehlt.

Wallace D. Wattles

---

2   Mit rund einer Milliarde Anhängern ist der Hinduismus, nach dem Christentum und dem Islam, die drittgrößte Religion auf unserem Planeten. Wesentlicher Bestandteil der Religion, die ihren Ursprung in Indien hat, ist der Glaube an einen ständigen Kreislauf von Leben und Tod sowie die Reinkarnation, also die Wiedergeburt.

1. Das Recht reich zu sein

Was auch immer zum Lob der Armut gesagt werden mag, bleibt doch die Tatsache, dass es nicht möglich ist, ein wirklich erfülltes oder erfolgreiches Leben zu führen, ohne reich zu sein. Niemand kann die Möglichkeiten seines Talents oder seiner seelischen Entwicklung in vollem Umfang entfalten und ausschöpfen, solange er nicht über viel Geld verfügt. Denn um seine Seele entfalten und sein Talent entwickeln zu können, benötigt er viele Dinge, und diese Dinge bekommt er nicht, wenn er nicht das Geld dazu hat, sie zu kaufen.

Ein Mensch entwickelt sich geistig, seelisch und körperlich weiter, indem er Dinge benutzt, und unsere Gesellschaft ist so organisiert, dass man Geld haben muss, um Dinge zu bekommen. Deshalb muss die Grundlage jeden Fortschritts der Menschheit *Die Wissenschaft vom Reichwerden* sein.

Ziel allen Lebens ist seine Weiterentwicklung. Und alles was lebt, hat ein unveräußerliches Recht auf die größtmögliche Entfaltung, zu der es fähig ist.

Das Recht des Menschen am Leben ist sein Recht auf freien und ungehinderten Zugang zu allem, was für seine bestmögliche seelische, spirituelle und körperliche Entfaltung nötig ist, oder anders ausgedrückt: Es ist sein Recht reich zu sein.

Ich spreche in diesem Buch über Reichtum nicht im übertragenen Sinn. Echt reich zu sein bedeutet nicht, sich mit Geringem zufrieden zu geben. Niemand sollte sich mit Wenigem begnügen, wenn er dazu fähig ist, mehr zu nutzen und zu genießen. Ziel und Zweck der Natur ist die Weiterentwicklung und Entfaltung des Lebens, und jeder Mensch sollte all das haben, was zu Energie, Eleganz und Schönheit, Reichtum und Vielfalt des Lebens beitragen kann. Sich mit weniger zufrieden zu geben, ist eine Sünde.

Der Mensch, der alles besitzt, was er braucht, um sein Leben ganz nach seinen Wünschen und Vorstellungen führen zu können, ist reich; und kein Mensch, der nicht reichlich Geld hat, kann alles haben, was er möchte. Das Leben hat sich so weit entfaltet und ist so komplex geworden, dass selbst einfache Menschen viel Geld benötigen, um auch nur ein ansatzweise vollständiges Leben führen zu können.

Jeder Menschen wünscht sich von Natur aus, all das zu erreichen und zu werden, wozu er fähig ist; der Wunsch, die angeborenen Fähigkeiten und Möglichkeiten zu verwirklichen und auszuleben, liegt uns im Blut; wir können nicht anders, als uns zu wünschen, alles zu werden, was wir sein können.

Erfolg im Leben bedeutet, das zu werden, was man sein will. Doch dieses Ziel kannst du nur erreichen, indem du Dinge benutzt; und freien Zugang zu diesen Dingen hast du nur, wenn du reich genug bist, sie dir kaufen zu können. *Die Wissenschaft vom Reichwerden* zu verstehen, ist deshalb lebenswichtig und sollte höchste Priorität haben.

Es ist nichts falsch daran, reich werden zu wollen. Der Wunsch nach Reichtum ist schließlich nicht anderes, als der Wunsch nach einem Leben in all seiner Fülle. Und dieser Wunsch ist lobenswert. Ein Mensch, der sich nicht wünscht, ein Leben voller Möglichkeiten zu führen, ist nicht normal, und dasselbe gilt für den Menschen, der sich nicht wünscht, so viel Geld zu haben, dass er sich alles kaufen kann, was er haben möchte.

Es gibt drei Bereiche, für die wir leben: wir leben für unseren Körper, wir leben für unseren Geist und wir leben für unsere Seele. Keiner dieser Aspekte ist besser oder heiliger als die anderen; alle drei sind gleich wünschenswert und keiner der drei - Körper, Geist und Seele - kann sich voll entfalten, wenn die Ausdrucksmöglichkeiten eines der anderen eingeschränkt und vom Leben abgeschnitten sind. Es ist weder richtig noch edel, nur für die Seele zu leben und den Körper oder den Geist zu verleugnen; und es ist falsch, nur auf der intellektuellen Ebene zu leben und Körper und Seele unbeachtet zu lassen.

Wir sind alle mit den abscheulichen Folgen eines Lebens für den Körper unter Verleugnung von Geist und Seele vertraut, und wir sehen, dass *wirkliches* Leben die vollständige Manifestation von allem bedeutet, was ein Mensch durch Körper, Geist und Seele ausdrücken kann. Was auch immer man sagen mag, niemand kann wirklich glücklich und zufrieden sein, solange sein Körper nicht rundum fit ist und solange dasselbe nicht auch für seinen Geist und seine Seele gilt. Wo immer Möglichkeiten keinen Ausdruck finden oder Zwecke nicht erreicht werden, bleiben unerfüllte Wünsche. Ein Wunsch ist eine Möglichkeit, die ihren Ausdruck sucht, oder ein Zweck, der erfüllt werden will.

Der Mensch kann seinen Körper nicht voll ausleben ohne gute Ernährung, komfortable Kleidung, eine warme Unterkunft und frei von der Notwendigkeit, sich rund um die Uhr abrackern zu müssen. Ruhe, Freizeit und Erholung sind für sein physisches Leben ebenfalls notwendig.

Ein erfülltes geistiges Leben kann er nicht führen ohne Bücher und die Zeit, sie zu lesen, ohne Gelegenheiten zu reisen und neue Erfahrungen zu machen, und ohne Menschen, mit denen er sich intellektuell austauschen kann. Um seinen geistigen Aspekt voll auszuleben, muss er sich in seiner Freizeit intellektuell beschäftigen und sich mit so viel Kunstobjekten und schönen Dingen befassen, wie er in sich aufnehmen und genießen kann.

Für ein erfülltes seelisches Leben benötigt der Mensch Liebe; und Liebe kann sich nicht voll entfalten, wenn ihr Armut im Weg steht.

Das höchste Glück des Menschen liegt darin, anderen, die er liebt, Gutes zu tun. Liebe findet ihren natürlichsten und spontanen Ausdruck im Geben. Ein Mensch, der nichts zu geben hat, kann seinen Platz als Ehepartner, als Vater oder Mutter, als Bürger und Gemeindemitglied oder als Mensch nicht ausfüllen. In der Nutzung materieller Dinge findet der Mensch das volle Leben für seinen Körper, entwickelt seinen Geist und entfaltet seine Seele. Reich zu sein ist deshalb von höchster Wichtigkeit für ihn.

Es ist völlig richtig, dir zu wünschen, reich zu sein, und als normaler Mensch kannst du gar nicht anders, als es sein zu wollen. Es ist vollkommen richtig, dass du deine größte Aufmerksamkeit der *Wissenschaft vom Reichwerden* widmen solltest, denn sie ist die nobelste und notwendigste aller Wissenschaften, die du studieren kannst. Wenn du dieses Studium versäumst, vernachlässigst du deinen Dienst an dir selbst, an Gott und an der Menschheit, denn du kannst Gott und der Menschheit keinen größeren Dienst erweisen, als möglichst viel aus dir zu machen.

2. Es gibt eine Wissenschaft

Es gibt eine Wissenschaft vom Reichwerden, und sie ist eine exakte Wissenschaft wie Algebra oder Arithmetik. Es gibt bestimmte Gesetze, denen der Prozess des Erwerbs von Reichtum unterliegt. Sobald ein Mensch diese Gesetze lernt und sie befolgt, wird er mit mathematischer Gewissheit reich.

Der Besitz von Geld und Vermögen resultiert daraus, auf eine bestimmte Weise zu handeln, und wer auf diese *bestimmte Weise* handelt – ob mit Absicht oder aus Zufall -, wird reich, während andere, die nicht auf die *bestimmte Weise* agieren, arm bleiben – unabhängig davon, wie hart sie arbeiten oder wie fähig sie sind.

Es ist ein Naturgesetz, dass gleiche Ursachen immer gleiche Wirkungen erzeugen, und deshalb wird jeder Mensch, der lernt, auf diese *bestimmte Weise* zu handeln, unfehlbar reich werden.

Dass diese Aussage richtig ist, zeigen die folgenden Tatsachen:

Reich zu werden ist keine Frage des Umfeldes, denn wenn dem so wäre, würden alle Menschen in einer bestimmten Nachbarschaft wohlhabend werden; die Einwohner einer Stadt wären alle reich, die Einwohner einer anderen aber alle arm; oder die Menschen würden in einem Bundesstaat in Reichtum schwelgen, während die im Nachbarstaat in Armut lebten.

Doch wir sehen überall Arme und Reiche nebeneinander leben, in derselben Umgebung und oft im selben Berufsfeld beschäftigt. Wenn aber zwei Menschen im selben Umfeld leben und in derselben Branche tätig sind, und der eine von ihnen reich wird, während der andere arm bleibt, zeigt das deutlich, dass Reichwerden nicht in erster Linie eine Frage der Umgebung ist. Manche Umgebungen sind sicherlich günstiger als andere, aber wenn zwei Menschen im selben Berufsfeld im gleichen Viertel wohnen und einer von ihnen reich wird, während der andere das nicht schafft, zeigt das, dass Reichwerden das Resultat einer *bestimmten Weise* zu handeln ist.

Außerdem ist die Fähigkeit, auf *bestimmte Weise* zu handeln, nicht vom Besitz von Talenten abhängig, denn viele Menschen mit großem Talent bleiben arm, während andere mit sehr bescheidenem Talent reich werden.

Wenn man die Leute, die reich geworden sind, näher betrachtet, stellt man fest, dass sie in jeder Hinsicht durchschnittlich sind und über keine größeren Talente und Fähigkeiten verfügen, als andere Menschen. Es ist offensichtlich, dass sie nicht reich werden, weil sie größere Talente und Fähigkeiten als andere Menschen haben, sondern weil sie Dinge auf die *bestimmte Weise* tun.

Reich zu werden ist nicht das Ergebnis von Sparen und Knausern; viele Geizkrägen sind arm, während Leute, die gerne und großzügig geben, oft reich werden.

Reich wird man auch nicht, indem man Dinge tut, die andere nicht schaffen; denn zwei Leute im selben Geschäft tun häufig fast genau dasselbe, und doch wird der eine dabei reich, während der andere arm bleibt oder bankrott geht.

Aufgrund all dessen müssen wir zu der Feststellung kommen, dass Reichwerden das Ergebnis eines Handelns auf *bestimmte Weise* ist.

Wenn Reichwerden das Resultat eines Handelns ist, das auf eine *bestimmte Weise* geschieht, und wenn gleiche Ursachen immer gleiche Ergebnisse erzeugen, dann kann jeder Mensch, der fähig ist, auf diese Weise zu handeln, reich werden, und die Frage des Reichwerdens wird damit zu einer Angelegenheit exakter Wissenschaft.

Hier stellt sich die Frage, ob Handeln auf diese *bestimmte Weise* womöglich so kompliziert und schwierig ist, dass nur wenige dazu in der Lage sind. Nun, das kann, wie wir gesehen haben, nicht wahr sein, sofern es um natürliche Fähigkeiten geht. Talentierte Menschen werden ebenso reich wie talentlose; Leute mit herausragendem Intellekt werden reich, Dummköpfe aber auch; Menschen, die körperlich topfit sind, werden ebenso reich wie schwache und kranke.

Ein Mindestmaß der Fähigkeit, zu denken und zu verstehen, ist natürlich unentbehrlich, aber was natürliche Fähigkeiten angeht, kann jeder Mensch, der geistig in der Lage ist, diesen Text zu lesen und zu verstehen, mit Sicherheit reich werden.

Wir haben auch gesehen, dass es keine Frage der Umgebung ist. Natürlich spielt die Örtlichkeit eine gewisse Rolle. Es würde wohl niemand ins Herz der Sahara ziehen, um dort ein erfolgreiches Geschäft aufzubauen.

Zum Reichwerden gehört es dazu, Kontakte zu anderen Menschen zu pflegen und dort zu sein, wo Menschen sind, mit denen man Kontakt haben möchte. Und wenn diese Menschen bereit sind, so zu handeln, wie du handeln willst, umso besser. Aber das ist, was die Umgebung anlangt, auch schon alles.

Wenn irgendjemand anderes in deiner Stadt reich werden kann, dann kannst du es auch; und wenn andere in deinem Staat reich werden können, dann kannst du das ebenfalls.

Um es noch einmal zu sagen: Es geht nicht darum, das „richtige" Geschäft oder den „richtigen" Beruf zu wählen. In jedem Geschäftsfeld und in jedem Beruf werden Leute reich, während ihre Nachbarn, die derselben Beschäftigung nachgehen, arm bleiben.

Es ist wahr, dass du das Beste in einem Geschäftsfeld erreichen wirst, das dir liegt und zu dir passt. Und wenn du bestimmte Talente hast, die gut entwickelt sind, wirst du am erfolgreichsten in einem Bereich sein, in dem deine Talente gefragt sind und du sie entfalten kannst.

Und natürlich wirst du am erfolgreichsten in einem Geschäft sein, das zu deinem Standort passt. Ein Eisverkäufer hat in einem warmen Klima sicher mehr Erfolg als in Grönland. Und die Geschäfte eines Lachsfischers laufen im Nordwesten Amerikas garantiert besser als in Florida, wo es keine Lachse gibt.

Aber abgesehen von diesen generellen Einschränkungen, hängt Reichwerden nicht davon ab, dass du in einer bestimmten Branche tätig bist, sondern davon, dass du lernst, Dinge auf eine *bestimmte Weise* zu tun. Wenn in deiner Gegend jemand anderes in deinem Geschäftsfeld reich wird, du aber nicht, liegt das einzig daran, dass du nicht auf die *bestimmte Weise* handelst, wie dieser andere es tut.

Niemand wird durch einen Mangel an Kapital davon abgehalten, reich zu werden. Es ist richtig: Sobald du über Kapital verfügst, wächst dein Vermögen einfacher und schneller. Doch jemand, der über Kapital verfügt, ist bereits reich und braucht sich keine Gedanken darüber zu machen, wie man reich wird. Wie arm du auch sein magst, sobald du beginnst, Dinge auf die *bestimmte Weise* zu tun, fängst du an, reich zu werden und über Kapital zu verfügen. Zu Kapital zu kommen, gehört zum Prozess des Reichwerdens und ist ein Teil des Ergebnisses, das du unweigerlich erzielst, wenn du auf die *bestimmte Weise* handelst.

Du magst der ärmste Mensch auf dem Kontinent sein und bis zum Hals in Schulden stecken; du magst weder Freunde noch Einfluss haben und über keine Ressourcen verfügen, doch sobald du anfängst, auf die *bestimmte Weise* zu handeln, beginnst du unweigerlich reich zu werden, denn gleiche Ursachen müssen zu gleichen Ergebnissen führen.

Wenn du kein Kapital hast, kannst du dir welches besorgen; wenn du im falschen Geschäft tätig bist, kannst du in das richtige wechseln; wenn du in einer ungeeigneten Gegend lebst, kannst du in eine passende umziehen. Und all das kannst du tun, indem du in deinem gegenwärtigen Geschäft und deiner Gegend beginnst, auf die *bestimmte Weise* zu handeln, die zu Erfolg führt.

3. Gibt es ein Monopol auf Gelegenheiten?

Niemand ist gezwungen arm zu bleiben, nur weil ihm eine Gelegenheit genommen wurde oder weil andere über ein Monopol auf Wohlstand verfügen und einen Zaun darum errichtet haben. Du magst davon ausgeschlossen sein, dich in bestimmten Geschäftsfeldern zu engagieren, doch dafür stehen dir andere Bereiche offen.

Wahrscheinlich wäre es schwierig für dich, die Kontrolle über eines der großen Eisenbahnsysteme zu bekommen, denn diese Branche wird von Monopolen beherrscht. Aber der elektrische Schienenverkehr steckt in den Kinderschuhen und bietet noch ein weites Betätigungsfeld für Unternehmer. Und in nur wenigen Jahren wird sich der Flugverkehr zu einer riesigen Industrie entwickeln, und mit all ihren Bereichen wird diese Industrie Hunderttausende, vielleicht sogar Millionen von Arbeitsplätzen schaffen. Warum also nicht die Aufmerksamkeit auf die Entwicklung der Luftfahrtindustrie richten, statt dich mit **J. J. Hill** und anderen anzulegen, um in der Welt der Dampfeisenbahn Fuß zu fassen?

Es ist wahr: Wenn du als Arbeiter in einem Stahlwerk schuftest, ist deine Chance, Eigentümer des Unternehmens zu werden, gering. Aber es ist ebenso wahr, dass du deinen Job im Stahlwerk schon bald aufgeben kannst, sobald du anfängst, auf die *bestimmte Weise* zu handeln. Du kannst dir dann eine Farm mit zehn bis vierzig Morgen[3] Land kaufen und in die Produktion von Nahrungsmitteln einsteigen. Unsere Zeit bietet Menschen großartige Gelegenheiten, von kleinen landwirtschaftlichen Flächen zu leben, die sie intensiv kultivieren und bewirtschaften. Menschen, die das tun, werden sicherlich reich. Du kannst jetzt einwenden, dass es dir

---

3 Entspricht etwa 40.000 – 160.000 Quadratmetern

unmöglich ist, das Land zu bekommen, aber ich werde dir beweisen, dass dies ganz und gar nicht unmöglich ist, und dass du mit Sicherheit zu deiner Farm kommst, wenn du dich auf eine *bestimmte Weise* an die Arbeit machst.

Zu verschiedenen Zeiten strömt die Flut der Gelegenheiten, den Bedürfnissen der Allgemeinheit und den jeweils erreichten Stadien der gesellschaftlichen Entwicklung folgend, in verschiedene Richtungen. Gegenwärtig tendiert sie zur Landwirtschaft und den verwandten Industrien und Berufen. Heute stehen dem Fabrikarbeiter Gelegenheiten in diesem Bereich offen. Sie bieten dem Geschäftsmann, der Farmer beliefert, weit größere Chancen als dem, der Fabrikarbeiter mit deren Bedarf versorgt; und Berufszweigen, die den Farmern dienen, öffnen sich mehr Gelegenheiten als jenen, die Dienstleistungen für die Arbeiterschaft erbringen.

Für den, der mit der Flut, statt ihr entgegen schwimmt, bieten sich Gelegenheiten im Überfluss.

So gibt es auch für Fabrikarbeiter, ob als Individuen oder als Klasse, keinen Mangel an Gelegenheiten. Die Arbeiter werden nicht von ihren Herren „unten gehalten" und auch nicht von Unternehmern und Investoren „aufgerieben". Als Klasse stehen sie da, wo sie sind, weil sie nicht auf die *bestimmte Weise* agieren. Wenn die Arbeiter in Amerika beschließen würden, es zu tun, könnten sie dem Beispiel ihrer Brüder in Belgien und anderen Ländern folgen und großartige Kaufhäuser und kooperative Industrien schaffen und einrichten; sie könnten Leute ihrer eigenen Klasse in Ämter wählen und Gesetze verabschieden, die die Entwicklung solcher Kooperativen fördern und begünstigen. Und nach einigen Jahren könnten sie auf friedlichem Weg ganze Industrien in Besitz nehmen.

Die Arbeiterklasse könnte zur Herrenklasse werden, sobald sie beginnen würde, auf die *bestimmte Weise* zu handeln, denn das Gesetz des Wohlstands ist für sie dasselbe wie für alle anderen. Das muss sie lernen; und sie wird da bleiben, wo sie heute steht, solange sie auf dieselbe Weise weitermacht wie bisher. Der einzelne Arbeiter wird jedoch von der Unwissenheit oder der geistigen Trägheit seiner Klasse nicht niedergehalten. Er kann der Flut der Gelegenheiten folgen, die zu Reichtum führt, und dieses Buch erklärt ihm, wie.

Niemand wird durch einen Mangel an Gelegenheiten, reich zu werden, in Armut gehalten. Es gibt genug für alle. Alleine mit den Baumaterialien, die in den Vereinigten Staaten zur Verfügung stehen, könnte für jede Familie auf der Erde ein Palast, so groß wie das Capitol[4] in Washington, gebaut werden. Und bei intensiver Kultivierung und Bewirtschaftung könnte man in diesem unserem Land genug Wolle, Baumwolle, Leinen und Seide produzieren, um jeden Menschen auf der Welt edler zu kleiden, als **Salomo** in all seiner Pracht gewandet war, sowie genügend Lebensmittel, um sie alle üppig zu ernähren.

Die sichtbaren Ressourcen sind praktisch unerschöpflich und die unsichtbaren Ressourcen sind tatsächlich unbegrenzt.

Alles, was du auf der Erde siehst, wurde aus einer Ursubstanz geschaffen, aus der alle Dinge hervorgegangen sind.

Neue Formen entstehen kontinuierlich und ältere lösen sich auf. Aber sie alle haben ihren Ursprung in ein und derselben Substanz.

Der Vorrat an Formlosem Stoff, also der Ursubstanz, ist unbegrenzt. Das ganze Universum ist aus der Formlosen Substanz geschaffen, doch diese wurde dabei nicht aufgebraucht. Die Räume in und zwischen den Formen des sichtbaren Universums sind von der ursprünglichen Substanz durchdrungen und erfüllt, dem

---

4   Das *United States Capitol* in Washington ist der Sitz des Kongresses der Vereinigten Staaten von Amerika. Es wurde von 1793 bis 1823 erbaut und seitdem mehrmals erweitert.

Formlosen Stoff, dem Rohmaterial aller Dinge. Selbst wenn zehntausend Mal mehr geschaffen würde, als bereits geschaffen ist, hätten wir die Ressourcen an universellem Rohmaterial noch immer nicht erschöpft.

Deshalb ist niemand arm, weil die Natur arm wäre, oder weil es nicht genug für jeden gäbe.

Die Natur ist ein unerschöpfliches Vorratslager voller Reichtümer, und diese Ressource versiegt nie. Die Ursubstanz ist lebendig und voller schöpferischer Energie, und sie schafft kontinuierlich weitere Formen. Wenn der Vorrat an Baumaterialien aufgebraucht ist, wird mehr erschaffen; wenn der Boden so ausgelaugt ist, dass weder Nahrungsmittel noch Materialien für die Produktion von Kleidung darauf gedeihen, wird er erneuert oder es wird mehr Boden geschaffen. Wenn alles Gold und Silber aus der Erde geschürft sein wird, der Mensch sich aber noch immer auf einer Stufe der sozialen Entwicklung befindet, auf der er Gold und Silber benötigt, wird aus dem Formlosen mehr davon gebildet. Die Formlose Substanz reagiert auf den Bedarf des Menschen, und sie wird ihn nie einem Mangel an guten Dingen aussetzen.

Das gilt für die Menschheit als Kollektiv. Die Menschheit in ihrer Gesamtheit ist immer im Überfluss reich, und wenn einzelne Personen arm sind, liegt das daran, dass sie nicht auf die *bestimmte Weise* handeln, die einen Menschen reich macht.

Die Formlose Substanz ist intelligent; sie ist ein Stoff, der denkt. Sie ist lebendig und immer darauf ausgerichtet, mehr Leben zu schaffen.

Es ist der natürliche, innewohnende Impuls des Lebens, sich immer weiter zu entfalten; es ist die Natur der Intelligenz, sich zu vergrößern, und es ist die Natur des Bewusstseins, seine Begrenzungen auszuweiten und seine Manifestation zu vervollkommnen. Das Universum der Formen wurde aus der Formlosen Lebendigen

Substanz geschaffen, die selbst Form annimmt, um ihren Ausdruck zu vervollkommnen.

Das Universum ist eine großartige Lebendige Präsenz, die aus innerem Antrieb ständig nach mehr Leben und Vervollkommnung strebt.

Die Natur ist dazu bestimmt, das Leben zu fördern und auszudehnen. Aus diesem Grund steht alles, was dem Leben nützlich sein könnte, im Überfluss zur Verfügung. Es kann keinen Mangel geben, solange Gott sich nicht selbst widerspricht und sein eigenes Werk auslöscht.

Du wirst nicht wegen eines Mangels an Möglichkeiten, zu Reichtum zu kommen, in Armut gehalten. Das ist eine Tatsache, und ich werde in einem späteren Kapitel zeigen, dass selbst die Ressourcen des Formlosen Stoffes dem Menschen zur Verfügung stehen, der auf die *bestimmte Weise* denkt und handelt.

4. Das erste Prinzip der Wissenschaft

Denken ist die einzige Kraft, die aus der Formlosen Substanz materiellen Reichtum schaffen kann. Der Stoff, aus dem alle Dinge gemacht sind, ist eine Substanz, die denkt, und die geistige Vorstellung einer Form in dieser Substanz materialisiert die Form.

Die Ursubstanz bewegt sich ihren Gedanken entsprechend. Jede Form und jeder Prozess, den du in der Natur beobachtest, ist der sichtbare Ausdruck eines Gedankens in der Ursubstanz. Wenn sich der Formlose Stoff in Gedanken eine Form vorstellt, nimmt er diese Form an; wenn er an eine Bewegung denkt, führt er diese Bewegung aus. Auf diese Art und Weise wurden alle Dinge geschaffen. Wir leben in einer Welt der Gedanken, die Teil eines erdachten Universums ist. Die Idee eines sich bewegenden Universums breitete sich in der Formlosen Substanz aus, und der Denkende Stoff bewegte sich diesem Gedanken entsprechend, nahm die Form der Planetensysteme an und erhält sie aufrecht. Die Denkende Substanz nimmt die Form ihrer Gedankenbilder an und bewegt sich entsprechend. Während sie sich in Gedanken ein System aus Sonnen und Welten ausmalt, die umeinander kreisen, nimmt sie die Form dieser Himmelskörper an und bewegt sich als diese ihren Vorstellungen entsprechend. Bei der gedanklichen Vorstellung einer langsam wachsenden Eiche bewegt sie sich entsprechend und schafft so die Eiche, auch wenn dieser Vorgang Jahrhunderte dauern mag. Während dieses Schöpfungsprozesses scheint sich das Formlose entlang von Linien zu bewegen, die es festgelegt hat. Die Idee einer Eiche veranlasst nicht die unvermittelte Manifestation des ausgewachsenen Baumes, sondern setzt Kräfte in Bewegung, die den Baum, einem vorgegebenen Wachstumsmuster folgend, entstehen lassen.

Jede gedankliche Vorstellung einer Form, die in der Denkenden Substanz vorhanden ist, lässt diese Form entstehen, aber immer, oder zumindest im allgemeinen, dem Muster von Wachstum und Aktion folgend, das vorab festgelegt ist.

Die gedankliche Vorstellung von einem Haus einer bestimmten Bauart, die der Formlosen Substanz eingeprägt wird, materialisiert sich nicht unmittelbar als fertiges Haus, sondern kanalisiert kreative Energien, die bereits im Baugewerbe aktiv sind, so, dass das Haus zügig gebaut wird. Und wenn es keine Kanäle gäbe, über die die schöpferischen Energien wirken könnten, würde das Haus direkt aus der Ursubstanz geschaffen werden, ohne die langsamen Prozesse der organischen und anorganischen Welt abzuwarten.

Der Ursubstanz kann kein gedankliches Bild einer Form eingeprägt werden, ohne dass dies die Erschaffung dieser Form verursachen würde.

Der Mensch ist ein denkendes Zentrum und kann Gedanken kreieren. Alle Formen, die ein Mensch mit seinen Händen gestaltet, müssen zuerst in seinen Gedanken existieren. Er kann kein Ding formen, bevor er es nicht erdacht hat.

Und bisher hat der Mensch seine Anstrengungen völlig auf die Arbeit seiner Hände ausgerichtet, er hat die Welt der Formen von Hand bearbeitet in dem Bemühen, bereits existierende Formen zu verändern und umzuarbeiten. Dabei ist er nie auf den Gedanken gekommen, die Schöpfung neuer Formen dadurch zu bewirken, dass er der Formlosen Substanz seine Vorstellungen einprägt.

Wenn sich ein Mensch in Gedanken eine Form vorstellt, nimmt er Material aus den Formen der Natur und gestaltet damit ein Abbild der Form in seiner Vorstellung. Er hat bislang wenig oder keinen Erfolg darin gehabt, mit der Formlosen Intelligenz zu kooperieren, also „mit dem Vater" zu arbeiten. Er hat sich nicht träumen lassen, dass es ihm möglich ist, „zu tun, was er seinen Vater hat tun sehen". Der Mensch gestaltet und verändert vorhandene Formen mittels manueller Arbeit und hat sich nie mit der Frage beschäftigt, ob er Dinge nicht auch direkt aus der Formlosen Substanz erschaffen könne, indem er ihr seine Gedanken übermittelt. Wir haben uns vorgenommen zu beweisen, dass das jeder kann, und zu zeigen, wie es funktioniert.

Als ersten Schritt dazu müssen wir drei grundlegende Prämissen festhalten.

Die erste Prämisse lautet: Es gibt nur einen Urstoff, aus dem alle Dinge geschaffen werden. All die scheinbar vielen Elemente sind lediglich verschiedene Präsentationen eines Elements; all die vielen Formen, die wir in der organischen und anorganischen Natur vorfinden, sind nur verschiedene Erscheinungsformen, geschaffen aus demselben Stoff. Und dieser Stoff ist denkender Stoff.

Eine gedankliche Vorstellung, die darin gehalten wird, manifestiert den Gedanken als Form. Gedankenbilder in der denkenden Substanz erschaffen Formen.

Der Mensch ist ein denkendes Zentrum, fähig zu eigenen gedanklichen Vorstellungen. Wenn der Mensch es fertigbringt, seine Gedanken an die denkende Ursubstanz zu übermitteln, kann er die Erschaffung dessen, woran er denkt, bewirken.

Fassen wir dies zusammen:

- *Es gibt einen denkenden Stoff, aus dem alle Dinge gemacht sind, und der in seinem ursprünglichen Zustand alle Zwischenräume im Universum durchdringt und erfüllt.*

- *Eine gedankliche Vorstellung, in diese Substanz eingebracht, erschafft das erdachte Objekt.*

- *Der Mensch kann also in Gedanken Dinge formen und gestalten und, indem er sie der Formlosen Substanz einprägt, deren Erschaffung bewirken.*

Nun mag die Frage auftauchen, ob ich diese Aussagen beweisen kann. Und ohne ins Detail zu gehen, antworte ich darauf, dass ich das kann, durch Logik und Erfahrung.

Aufgrund des Phänomens von Form und Gedanke, schließe ich auf eine denkende Ursubstanz. Und von dieser denkenden Substanz weiter folgernd, komme ich zur Macht des Menschen, die Erschaffung dessen bewirken zu können, was er sich in Gedanken vorstellt.

Und die Erprobung in der Praxis bestätigt meine Schlussfolgerungen; das ist mein stärkster Beweis.

Wenn *ein* Mensch, der dieses Buch liest, reich wird, indem er tut, was es ihm rät, dann ist das ein Beleg, der meine Behauptung unterstützt. Wenn aber jeder reich wird, der tut, was das Buch ihm zu tun rät, dann ist das solange ein überzeugender Beweis, bis jemand den Prozess absolviert, ohne Erfolg damit zu haben. Die Theorie ist richtig, solange der Prozess nicht versagt. Und dieser Prozess wird nicht versagen, weil jeder, der alle Anweisungen in diesem Buch exakt befolgt, reich werden wird.

Ich habe gesagt, dass Menschen reich werden, indem sie auf eine *bestimmte Weise* handeln. Und um das tun zu können, müssen sie lernen, auf eine *bestimmte Weise* zu denken.

Die Art und Weise, wie ein Mensch Dinge tut, ist das direkte Resultat der Art und Weise, wie er über Dinge denkt.

Um Dinge auf eine Weise zu tun, wie du sie tun willst, musst du dir die Fähigkeit aneignen, so zu denken, wie du denken willst. Dies ist der erste Schritt auf dem Weg zu Reichtum.

Zu denken, was du denken willst, bedeutet, unabhängig vom Anschein die **Wahrheit** *zu denken.*

Jeder Mensch hat die angeborene Macht zu denken, was er denken will. Doch dem eigenem Willen entsprechend zu denken, erfordert mehr Mühe, als das zu denken, was der äußere Schein nahelegt.

Sich mit seinen Gedanken am Anschein zu orientieren, ist einfach. Doch die Wahrheit unabhängig vom äußeren Schein zu denken, ist anstrengend und erfordert viel mehr Energie und Einsatz, als jede andere Arbeit, die der Mensch verrichtet.

Es gibt keine Mühe, die die meisten Menschen so scheuen, wie die, einen bestimmten Gedanken längere Zeit festzuhalten, ohne sich davon ablenken zu lassen. Es ist die härteste Aufgabe der Welt. Das trifft ganz besonders dann zu, wenn die Wahrheit dem äußeren Schein widerspricht. Jede Erscheinung in der äußeren Welt tendiert dazu, im Geist des Beobachters eine entsprechende Form zu erzeugen, und dies kann nur verhindert werden, indem man an Gedanken der **Wahrheit** festhält.

Wenn du dich mit den Erscheinungsformen von Krankheiten befasst, erzeugst du damit entsprechende mentale Bilder in deinem Geist, die sich irgendwann in deinem Körper als Krankheit manifestieren werden, wenn du nicht an dem Gedanken der Wahrheit festhältst, dass es keine Krankheit gibt. Krankheiten sind lediglich äußere Erscheinungen, während in Wirklichkeit Gesundheit herrscht.

Die Beschäftigung mit Erscheinungsformen von Armut wird in deinem Geist entsprechende Formen erzeugen, solange du nicht an der Wahrheit festhältst, dass es keine Armut gibt; es gibt nur Fülle.

Dir Gesundheit vorzustellen, während dich Erscheinungsformen von Krankheiten umgeben, oder dir Reichtum auszumalen, wenn du dich inmitten sichtbarer Armut bewegst, erfordert Stärke. Doch wer sich diese Stärke erwirbt, wird zum **Meister seiner Gedanken.**

Er kann das Schicksal bezwingen und haben, was er sich wünscht. Diese Stärke kann nur erringen, wer die grundlegende Tatsache verinnerlicht, die allen Erscheinungsformen zugrunde liegt: dass es *eine* Denkende Substanz gibt, aus der und durch die *alle* Dinge erschaffen wurden und werden.

Denn wir müssen die Wahrheit begreifen, dass jeder Gedanke, der in dieser Substanz gehalten wird, zur Form wird, und dass der Mensch dieser Substanz seine Gedanken einprägen kann, um zu bewirken, dass diese Form annehmen und zu sichtbaren Dingen werden.

Wenn wir uns dessen voll und ganz bewusst sind, verlieren wir alle Zweifel und Angst, da wir wissen, dass wir erschaffen können, was immer wir wollen, dass wir bekommen können, was wir haben möchten, und dass wir werden können, was wir sein wollen. Als ein erster Schritt in Richtung Reichtum musst du die drei grundlegenden Aussagen glauben, die ich in diesem Kapitel bereits dargelegt habe. Und um ihre Bedeutung zu unterstreichen, wiederhole ich sie hier:

- *Es gibt einen denkenden Stoff, aus dem alle Dinge gemacht sind, und der in seinem ursprünglichen Zustand alle Zwischenräume im Universum durchdringt und erfüllt.*

- *Eine gedankliche Vorstellung, in diese Substanz eingebracht, erschafft das erdachte Objekt.*

- *Der Mensch kann in Gedanken Dinge formen und gestalten und, indem er sie der Formlosen Substanz einprägt, deren Erschaffung bewirken.*

Du musst alle anderen Konzepte des Universums bis auf dieses eine, monistische[5] unbeachtet lassen; und du musst dich mit diesem Konzept so lange befassen, bis es sich deinem Geist fest eingeprägt hat und zu deinem gewohnheitsmäßigen Denken geworden ist. Lies die drei Aussagen wieder und wieder; verankere jedes

---

5 Monismus: Weltanschauung, in der nur ein einheitliches Grundprinzip des Seins und der Wirklichkeit existiert

Wort in deinem Gedächtnis und beschäftige dich in Gedanken solange mit ihnen, bis du sie felsenfest glaubst. Kommen dir Zweifel, wische sie als Sünde, die sie sind, beiseite. Höre nicht auf Argumente, die dieser Idee widersprechen. Gehe nicht in Kirchen oder zu Vorträgen, in denen ein gegenteiliges Konzept gelehrt oder gepredigt wird. Lies keine Zeitschriften oder Bücher, die eine andere Idee vertreten. Denn wenn du in deinem Glauben unsicher wirst, bleiben all deine Anstrengungen und Bemühungen vergeblich.

Frage nicht, warum diese Dinge wahr sind, und zerbrich dir nicht den Kopf darüber, wie sie wahr sein können; nimm sie an und vertraue darauf.

Die Wissenschaft vom Reichwerden beginnt mit der absoluten Akzeptanz dieses Glaubens.

5. Die Entfaltung des Leben

Du musst dich von den letzten Überbleibseln der alten Vorstellung befreien, dass es eine Gottheit gibt, deren Wille es ist, dass du arm bist, oder deren Zielen und Zwecken es dienlich wäre, dich in Armut zu halten.

Die Intelligente Substanz, die Alles und in Allem ist, und die in Allem lebt und damit auch in dir, ist eine bewusst Lebende Substanz. Als bewusst Lebende Substanz muss sie, wie jede lebendige Intelligenz, die Natur und das innewohnende Verlangen nach ständigem Wachstum des Lebens haben. Jedes lebende Ding muss fortwährend nach Möglichkeiten suchen, sein Leben zu erweitern, weil Leben, dem Prinzip des Lebens folgend, sich selbst entfalten muss.

Ein Samenkorn, das in die Erde gelegt wird, beginnt aktiv zu werden und produziert, dem Prinzip des Lebens folgend, hundert weitere Samen. Leben vervielfältigt sich selbst, indem es lebt. Und so wächst und breitet es sich immer weiter aus. Das muss es tun, solange es sein und leben will.

Für unsere Einsicht besteht dieselbe Notwendigkeit, stetig zu wachsen. Jeder unserer Gedanken führt zu einem weiteren; Bewusstsein erweitert sich ständig. Jeder Fakt, den wir lernen, bringt uns dazu, einen weiteren zu lernen; Wissen erweitert sich unablässig. Jedes Talent, das wir kultivieren, erweckt in uns den Wunsch, ein weiteres zu entdecken und zu entfalten. Wir werden vom Leben, das nach immer neuen Möglichkeiten des Ausdrucks sucht, laufend dazu angespornt, unser Wissen zu erweitern, mehr zu tun und mehr zu sein.

Um uns mehr Wissen aneignen, mehr tun und mehr sein zu können, müssen wir mehr haben; wir benötigen Dinge, die wir einsetzen können, denn wir lernen, tun und werden nur, indem wir Dinge nutzen. Wir müssen reich werden, um intensiver leben zu können.

Der Wunsch nach Reichtum ist schlicht das Verlangen danach, ein erfüllteres Leben zu führen. Jeder Wunsch ist der Versuch einer potentiellen Möglichkeit, entdeckt und genutzt zu werden. Es ist Energie, die nach einer Möglichkeit sucht, sich zu manifestieren, die unsere Wünsche erzeugt. Dein Wunsch, mehr Geld zu haben, folgt demselben Prinzip, das Pflanzen wachsen lässt. Es ist das Leben auf der Suche nach immer weiteren Ausdrucksmöglichkeiten.

Die Eine Lebende Substanz muss dem ihr innewohnenden Gesetz allen Lebens folgen; sie ist von dem Verlangen durchdrungen, mehr zu leben; deshalb kann sie nicht anders, als Dinge zu erschaffen.

Die Eine Substanz möchte auch in dir mehr leben; deshalb will sie, dass du all die Dinge hast, die du brauchst.

Es ist der Wunsch Gottes, dass du reich werden sollst. Er will, dass du reich wirst, weil er sich besser durch dich ausdrücken kann, wenn du viele Dinge hast, die du nutzen kannst, um ihm Ausdruck zu verleihen. Er kann mehr in dir leben, wenn du unbegrenzten Zugriff auf die Möglichkeiten des Lebens hast.

Das Universum will, dass du alles hast, was du haben möchtest.

Die Natur ist dir und deinen Plänen freundlich gesinnt.

Alles ist für dich natürlich.

Entschließe dich dazu, dies als wahr zu akzeptieren.

Entscheidend ist dabei jedoch, dass deine Absichten und Ziele mit den Absichten und Zielen harmonieren, die von Allem verfolgt werden.

Du musst dir echtes Leben wünschen, nicht nur die Vergnügungen sinnlicher Freuden. Leben ist Funktion in Aktion, und der einzelne Mensch lebt nur dann wirklich, wenn er alle Funktionen, die ihm zur Verfügung stehen - also körperliche, geistige und seelische - nutzt, ohne dabei in einem Bereich maßlos zu werden.

Du willst nicht reich werden, um schamlos zu leben und nur deine sinnlichen Bedürfnisse zu befriedigen, denn das ist nicht Sinn und Zweck des Lebens. Aber all deine körperlichen Funktionen einzusetzen und zu nutzen, ist Teil des Lebens, und niemand lebt vollständig, der den Impulsen des Körpers die Möglichkeit verweigert, sich normal und gesund auszudrücken.

Du willst nicht nur reich werden, um Vergnügungen des Geistes zu genießen, Wissen zu erwerben, deinen Ehrgeiz zu befriedigen, andere zu übertrumpfen und berühmt zu werden. All dies sind legitime Aspekte des Lebens, doch ein Mensch, der nur für die Freuden des Intellekts lebt, wird lediglich ein unvollständiges Leben führen und mit seinem Schicksal nie zufrieden sein.

Du willst auch nicht nur reich werden, um dem Wohle anderer dienen zu können, um ganz in der Rettung der Menschheit aufzugehen, um die Freuden der Philanthropie und der Aufopferung für deine Mitmenschen zu erleben. Die Freuden der Seele sind ein Teil des Lebens, und sie sind nicht besser oder nobler als die anderen Aspekte.

Du willst reich werden, um, wenn immer es angebracht ist, essen, trinken und fröhlich sein zu können; um dich mit schönen Dingen umgeben, ferne Länder sehen, deinen Geist mit Nahrung versorgen und deinen Intellekt entwickeln zu können, und um andere Menschen zu lieben, ihnen Gutes zu tun, und in der Lage zu sein, der Welt bei der Suche nach Wahrheit zu helfen.

Aber denke daran, dass extremer Altruismus weder besser noch nobler ist, als extreme Selbstsucht; beide Haltungen sind Irrtümer.

Befreie dich von der Idee, Gott würde wollen, dass du dich für andere aufopferst, und dass du dir auf diese Weise seine Gunst sichern könntest. Gott braucht oder verlangt all dies nicht.

Was er will, ist, dass du das Beste aus dir machst – für dich und für andere; und *du kannst anderen auf keine andere Art mehr helfen, als dadurch, dass du das Beste aus dir machst.*

Das Beste aus dir kannst du nur machen, indem du reich wirst. Deshalb ist es richtig und lobenswert, dass du dich in Gedanken vorrangig und ausgiebig damit beschäftigst, Wohlstand zu erwerben.

Denke aber immer daran, dass die Wünsche der Substanz alle betreffen und ihr Tun darauf ausgerichtet sein muss, das Leben für alle zu entfalten. Sie kann nicht dazu veranlasst werden, für irgendjemanden weniger Leben zu schaffen, weil sie gleichwertig in allen ist, die nach Reichtum und Leben streben.

Die intelligente Substanz wird Dinge für dich erschaffen, aber sie wird nicht anderen Menschen Dinge wegnehmen, um sie dir zu geben.

Du musst dich von Konkurrenzdenken befreien. Du bist da, um zu erschaffen und nicht, damit du um das wetteiferst, was bereits erschaffen ist.

Du brauchst niemandem etwas wegzunehmen.

Du musst nicht um jeden Cent feilschen.

Du brauchst niemanden zu betrügen oder auszunutzen. Du musst niemanden, der für dich arbeitet, weniger bezahlen, als er es verdient.

Du brauchst nicht das Eigentum anderer zu begehren, oder es mit begierigen Blick anzustarren. Denn niemand besitzt etwas, das du nicht genauso oder in ähnlicher Form auch haben kannst, und zwar ohne jemandem das, was er hat, wegzunehmen.

Du bist hier, um ein Schöpfer zu werden, nicht um mit anderen in Wettstreit zu treten. Du wirst bekommen, was du dir wünscht, aber auf eine Weise, dass wenn du es bekommst, jeder andere Mensch ebenfalls mehr haben wird als jetzt.

Ich bin mir dessen durchaus bewusst, dass es Menschen gibt, die zu viel Geld kommen, obwohl ihr Handeln und Vorgehen im krassen Gegensatz zu all meinen Aussagen in den vorangegangenen Absätzen steht, und möchte deshalb ein paar Worte der Erklärung anfügen. Menschen des plutokratischen Typs, die sehr reich werden, erreichen das manchmal allein aufgrund ihres außerordentliches Geschicks im Wettstreit mit Konkurrenten. Und manchmal verbinden sie sich ohne es zu wissen mit der Substanz, die ihre großartigen Absichten und Bestrebungen für den allgemeinen Aufbau der Menschheit durch die industrielle Evolution verfolgt.

Rockefeller, **Carnegie**, **Morgan** und andere waren, ohne dass ihnen das bewusst gewesen wäre, Agenten des Höchsten Prinzips bei der Erledigung der notwendigen Aufgabe, eine produktive Industrie zu systematisieren und zu organisieren und tragen mit ihrem Wirken letztlich ganz erheblich zu einer Erweiterung des Lebens für alle bei. Doch nun neigt ihre Zeit sich dem Ende zu. Sie haben die Produktion organisiert, und *schon bald rücken die Agenten der Vielfalt nach, um die Maschinerie des Vertriebs und der Vermarktung zu organisieren.*

Die Multimillionäre sind wie die Monsterreptilien aus prähistorischen Zeiten. Sie spielen eine notwendige Rolle im evolutionären Prozess, doch dieselbe Macht, die sie geschaffen hat, wird sie auch verschwinden lassen. Und es ist gut, in Erinnerung zu behalten, dass sie nie wirklich reich gewesen sind. Aufzeichnungen über das Privatleben der meisten Menschen dieser Klasse zeigen, dass sie in Wirklichkeit die kläglichsten und bemitleidenswertesten der Armen waren.

Reichtum, der auf der Ebene des Konkurrenzkampfes erworben wird, ist nie befriedigend und von Dauer. Er gehört heute dir und morgen jemand anderem. Sei dir darüber im Klaren, dass du dich, wenn du auf wissenschaftliche und *bestimmte Weise* reich werden willst, von Konkurrenzdenken völlig frei machen musst.

Du darfst nicht eine Sekunde lang denken, dass die Ressourcen begrenzt seien. Denn sobald du denkst, dass alles Geld von Bankern und anderen kontrolliert und beherrscht wird, und dass du dich für Gesetze stark machen musst, die diese Situation und alles, was damit verbunden ist, beenden, verfällst du in ein auf Wettbewerb fixiertes Denken, mit der Folge, dass deine Fähigkeit zu erschaffen erst einmal stillgelegt ist. Und du wirst damit, was noch schlimmer ist, wahrscheinlich schöpferische Prozesse, die du bereits angestoßen hast, abwürgen.

Wisse, dass in den Gebirgen der Erde Gold im Wert von unzähligen Millionen steckt, das noch nicht gefördert wurde. Und wisse auch, dass, wenn es nicht vorhanden wäre, die Denkende Substanz mehr Gold erschaffen würde, um den Bedarf der Menschheit zu decken.

Sei dir gewiss, dass das Geld, das du brauchst, kommen wird, selbst wenn es dazu nötig wäre, dass sich morgen tausend Leute auf die Suche nach neuen Goldminen machen.

*Richte dein Augenmerk niemals auf die sichtbaren Ressourcen, sondern stattdessen immer auf die grenzenlosen Reichtümer in der Formlosen Substanz. Und **sei dir sicher**, dass sie so schnell zu dir kommen werden, wie du sie empfangen und nutzen kannst.* Niemand kann dich daran hindern, das zu bekommen, was dir zusteht, indem er die sichtbaren Ressourcen kontrolliert.

Erlaube dir deshalb nie, und sei es nur für einen Moment, zu glauben, dass die besten Baugrundstücke vergeben sind, bevor du bereit bist, dein Haus zu bauen, wenn du dich nicht abhetzt. Mach dir niemals Sorgen wegen der großen Unternehmen und Kartelle, und habe keine Angst, dass sie bald die ganze Welt besitzen und beherrschen werden.

Fürchte niemals, dass du verlierst, was du erstrebst, weil dir jemand zuvorkommt. Das kann unmöglich geschehen, denn du suchst nicht nach Dingen, die anderen gehören, sondern du bewirkst, dass, was du dir wünscht, von der Formlosen Substanz geschaffen wird. Und deren Ressourcen sind unbegrenzt.

Halte dich an die folgenden Statements:

- *Es gibt eine Denkende Substanz, aus der alle Dinge geschaffen sind, und die in ihrem Urzustand die Zwischenräume des Universums durchdringt und ausfüllt.*

- *Ein Gedanke in dieser Substanz erschafft, was seinem Bild entspricht.*

- *Der Mensch kann in Gedanken Dinge formen, und, indem er diese der Formlosen Substanz einprägt, bewirken, dass die Dinge, die er sich vorstellt, erschaffen werden.*

6. Wie Reichtum zu dir kommt

Wenn ich sage, dass du nicht um jeden Cent feilschen musst, meine ich damit nicht, dass du bei Geschäften überhaupt nicht handeln sollst, oder dass es für dich unnötig wäre, generell Geschäfte mit deinen Mitmenschen zu machen. Ich meine damit, dass du im Umgang mit ihnen nicht unfair zu handeln brauchst. Du hast es nicht nötig, etwas für nichts zu bekommen, *sondern du kannst jedem Menschen mehr geben, als du von ihm nimmst.*

Du kannst nicht jedermann mehr Geldwert geben, als du von ihm nimmst, aber du kannst ihm mehr Nutzwert geben, als das, was du von ihm bekommst, in Geld wert ist. Das Papier, die Tinte und das übrige Material für dieses Buch mag nicht den Preis wert sein, den du dafür zahlst, doch wenn dir die Ideen, die darin vorgestellt werden, Tausende von Dollar einbringen, bist du von den Leuten, die dir das Buch verkauft haben, nicht übervorteilt worden, sondern sie haben dir im Gegenteil hohen Nutzwert für einen geringen Geldwert gegeben.

Nehmen wir einmal Folgendes an: Ich besitze ein Gemälde eines berühmten Künstlers, das in jeder zivilisierten Gesellschaft Tausende von Dollar wert ist. Dieses Bild nehme ich mit zur Baffin-Bucht[6] und beschwatze dort einen Eskimo, mir dafür ein Bündel Felle im Wert von 500 Dollar zu geben. Dann habe ich ihn in Wirklichkeit betrogen, denn er kann mit dem Bild nichts anfangen. Es hat keinen Wert für ihn und fügt seinem Leben nichts hinzu.

Aber nehmen wir an, ich gäbe ihm für seine Felle ein Gewehr, das 50 Dollar wert ist, dann hätte er ein gutes Geschäft gemacht. Denn

---

6   Die Baffin-Bucht ist ein breiter Meeresarm, der zwischen Grönland und dem Kanadisch-Arktischen Archipel liegt.

das Gewehr kann er brauchen. Es wird ihm eine Menge mehr Felle und Nahrung einbringen, es wird seinem Leben in jeder Beziehung etwas hinzufügen, und es wird ihn reich machen.

Wenn du von der Ebene des Konkurrierens zur schöpferischen Ebene aufsteigst, kannst du die Geschäfte, die du tätigst, kritisch überprüfen. Und wenn du jemandem etwas verkaufst, das nicht mehr zu seinem Leben hinzufügt, als das, was er dir im Austausch dafür gibt, kannst du es dir leisten, auf das Geschäft zu verzichten. Du musst im Geschäftsleben niemanden „besiegen". Und wenn du in einem Geschäftsfeld arbeitest, in dem „Hauen und Stechen" üblich ist, wechsle schleunigst in ein anderes.

Gib jedem mehr Nutzwert, als du an Geldwert von ihm bekommst. So machst du mit jeder geschäftlichen Transaktion das Leben der Welt reichhaltiger.

Wenn du Leute für dich arbeiten lässt, müssen sie dir mehr Nutzwert einbringen, als du ihnen an Lohn zahlst. Aber du kannst dein Geschäft so organisieren, dass es Aufstiegsmöglichkeiten bietet und jeder Angestellte, der das möchte, mit jedem Tag einen kleinen Schritt vorankommen kann.

Du kannst es so einrichten, dass dein Geschäft das für deine Angestellten tut, was dieses Buch für dich tut. Du kannst dein Geschäft so führen, dass es zu einer Art Leiter wird, über die jeder deiner Angestellten, der sich die Mühe macht, zu eigenem Reichtum gelangen kann. Und wenn ihm die Gelegenheit geboten wird, er sie aber nicht nutzt, ist das nicht dein Fehler.

Sei dir schließlich über eines im Klaren: Dass du eine Schöpfung durch die Formlose Substanz bewirkst, die deine Umgebung durchdringt und erfüllt, bedeutet nicht, dass dein Reichtum aus dem Nichts entsteht und vor deinen Augen Gestalt annimmt.

Angenommen, du möchtest eine Nähmaschine haben. Dann will ich mit dem oben Gesagten nicht andeuten, dass du deinen

Wunschgedanken nur solange der Denkenden Substanz einprägen musst, bis die Maschine einfach so entsteht und in deinem Zimmer auftaucht. Sie muss, um zu dir kommen zu können, zuvor von Menschenhand hergestellt worden sein. Wenn du dir also eine Nähmaschine wünscht, dann halte ihr Bild in Gedanken fest, in der sicheren Gewissheit, dass sie geschaffen wird oder bereits auf dem Weg zu dir ist. Nachdem du das Gedankenbild einmal geformt hast, glaube ohne jeden Zweifel daran, dass die Nähmaschine zu dir kommt. Denke und sprich über sie niemals anders, als dass sie mit Sicherheit bei dir ankommen wird. Betrachte sie, als wäre sie bereits dein Eigentum.

Sie wird von der Höchsten Intelligenz geleitet zu dir kommen, die auf den Geist des Menschen reagiert. Wenn du beispielsweise im Bundesstaat Maine lebst, kann es sein, dass ein Mann in Texas oder Japan dazu veranlasst wird, etwas zu unternehmen, das letztlich dazu führt, dass du bekommst, was du dir wünscht.

Und das Ergebnis der Aktion wird nicht nur für dich, sondern auch für den Betreffenden von Vorteil sein.

Vergiss nicht – und sei es für nur einen Moment -, dass die Denkende Substanz alles durchdringt, in allem vorhanden ist, mit allem kommuniziert und alles beeinflussen kann. Das Streben der Denkenden Substanz nach einem volleren Leben und besseren Lebensumständen hat bereits die Herstellung aller Nähmaschinen auf der Welt veranlasst und kann veranlassen, dass Millionen weitere hergestellt werden. Und sie wird das auch tun, wenn immer Menschen den Prozess durch ihren Wunsch, ihren Glauben und dadurch, dass sie auf *bestimmte Weise* handeln, in Gang setzen.

Es ist sicher, dass du eine Nähmaschine im Haus haben kannst, und es ist ebenso sicher, dass du alle anderen Dinge bekommen kannst, die du dir wünscht und die du zur Entfaltung deines eigenen Lebens und des Lebens anderer Menschen einsetzen wirst.

Du brauchst dich nicht zu scheuen, um Großes zu bitten. „Es ist eures Vaters Wohlgefallen, euch das Reich zu geben."[7], sagte Jesus.

Die Ursubstanz möchte in dir alles, was möglich ist, erleben, und sie will, dass du alles bekommst, was du für ein Leben in großer Fülle nutzen kannst oder wirst.

Wenn du dein Bewusstsein auf die Tatsache ausrichtest, dass dein Wunsch, Reichtum zu besitzen, eins ist mit dem Wunsch der Allmacht nach weiterer Entfaltung, dann wird dein Glaube unbezwingbar.

Ich habe einmal einen kleinen Jungen beobachtet, der an einem Klavier saß und sich vergeblich bemühte, den Tasten harmonische Klänge zu entlocken, und ich konnte sehen, wie sehr ihn seine Unfähigkeit, richtige Musik zu spielen, nervte und bekümmerte. Ich fragte ihn nach dem Grund für seinen Ärger und er antwortete: „Ich kann die Musik in mir fühlen, aber ich kann meine Hände nicht dazu bringen, sie richtig zu spielen." Die Musik in ihm war der **Drang der Ursubstanz**, alle Möglichkeiten des Lebens zu erfahren. Alles, was an Musik existiert, suchte durch dieses Kind Ausdruck zu finden.

Gott, die Eine Substanz versucht, durch die Menschen zu leben, Dinge zu tun und zu genießen. Er sagt: „Ich wünsche mir, dass Hände großartige Gebäude und Konstruktionen errichten, göttliche Harmonien spielen und fantastische Bilder malen; ich wünsche mir Füße, die meine Besorgungen erledigen, Augen, die die Schönheit meiner Schöpfung betrachten, und Zungen, die mächtige Wahrheiten verkünden und wunderschöne Lieder singen", und so weiter.

Was immer es an Möglichkeiten gibt, sucht sich durch die Menschen auszudrücken und zu verwirklichen. Gott möchte, dass Menschen, die Musik spielen können, Pianos und andere Instru-

---

7   Lukas 12,32 – Luther-Bibel 1912

mente zur Verfügung stehen, und dass sie die Mittel haben, die es ihnen möglich machen, ihre Talente ohne Einschränkungen zu entfalten. Er möchte, dass Menschen, die Schönheit zu schätzen wissen, in der Lage sind, sich mit schönen Dingen zu umgeben. Er möchte, dass Menschen, die willens und fähig sind, Wahrheiten zu erkennen, alle Möglichkeiten offenstehen, zu reisen und zu beobachten. Er möchte, dass alle, die sich für schöne Kleidung begeistern, sich gepflegt kleiden, und alle, die gutes Essen zu genießen wissen, luxuriös speisen können.

Er möchte all diese Dinge, weil Er selbst sie schätzt und genießt. Es ist Gott, der spielen und singen, Schönes genießen, die Wahrheit verkünden, feine Kleidung tragen und fürstlich speisen möchte. „Denn es ist Gott, der beides in euch wirkt, das Wollen und das Tun"[8], sagte einst Paulus.

Dein Wunsch nach Reichtum ist das Unendliche, das sich in dir zum Ausdruck bringen will, so wie es versuchte, sich durch den kleinen Jungen am Klavier auszudrücken.

Du brauchst dich also nicht zu scheuen, um Großes zu bitten.

Deine Aufgabe ist es, deinen Wunsch zu fokussieren und dich damit an Gott zu wenden.

Das ist für die meisten Menschen ein Knackpunkt, denn sie halten an der alten Denkweise fest, dass Gott an Armut und Selbstaufopferung Freude hat. Sie betrachten Armut als Teil des Plans, für eine Notwendigkeit der Natur. Sie haben die Vorstellung, dass Gott Sein Werk vollendet und alles geschaffen habe, was er schaffen kann, und die große Mehrheit der Menschen arm bleiben müsse, weil nicht genug für alle da ist. Sie haben so viel von diesem Irrglauben übernommen, dass sie sich dafür schämen, wenn sie sich Wohlstand wünschen. Sie geben sich Mühe, sich nicht mehr zu

---

8   Philipper 2,13

wünschen, als sehr bescheidene Verhältnisse, gerade genug, um halbwegs über die Runden zu kommen.

Ich erinnere mich lebhaft an den Fall eines meiner Hörer, dem gesagt worden war, dass er in Gedanken ein klares Bild der Dinge entwickeln müsse, die er sich wünschte, damit sich der schöpferische Gedanke der Formlosen Substanz einprägen könne. Er war ein sehr armer Mann, der in einem Haus zur Miete wohnte und nur das besaß, was er als Tagelöhner verdiente. Die Vorstellung, dass ihm jeder Wohlstand zur Verfügung stand, wollte ihm nicht so recht in den Kopf. Doch nachdem er gründlich darüber nachgedacht hatte, hielt er es für angemessen, um einen neuen Teppich für seine gute Stube und einen Kohleofen zu bitten, um sein Haus in der kalten Jahreszeit heizen zu können.

Er folgte den Empfehlungen in diesem Buch und schon wenige Monate später besaß er die beiden Dinge. Da dämmerte es ihm, dass er nicht um genug gebeten hatte. Also schaute er sich in dem Haus, in dem er lebte, gründlich um und plante die Verbesserungen, die er gerne vornehmen wollte. In Gedanken fügte er hier ein Erkerfenster und dort ein Zimmer hinzu, bis er schließlich ein komplettes inneres Bild von seinem idealen Zuhause hatte. Dann plante er die Einrichtung.

Mit dem vollständigen Bild des Hauses vor seinem inneren Auge, begann er, auf die *bestimmte Weise* zu leben und sich auf das zuzubewegen, was er sich wünschte. Heute gehört ihm das Haus und er baut es seinem geistigen Bild entsprechend um. Und weil sein Glaube gewachsen ist, wagt er sich jetzt auch an größere Dinge. Ihm ist nach seinem Glauben geschehen, und genauso klappt es auch bei dir und uns allen.

7. Dankbarkeit

Die Schilderungen im vorangegangenen Kapitel haben dem Leser die Tatsache vermittelt, dass der erste Schritt in Richtung Reichtum darin besteht, der Formlosen Substanz die eigenen Wünsche in Form geistiger Bilder zu übermitteln.

Das ist wahr, und du wirst sehen, dass du, um diesen Schritt zu gehen, eine harmonische Beziehung zur Formlosen Intelligenz entwickeln musst.

Diese harmonische Beziehung ist von so grundlegender und entscheidender Bedeutung, dass ich sie etwas ausführlicher behandeln will. Außerdem gebe ich dir Empfehlungen, die, wenn du sie befolgst, sicherstellen, dass du eine perfekte geistige Einheit mit Gott erreichst.

Der gesamte Prozess der mentalen Anpassung und Einigung lässt sich in einem Wort zusammenfassen: Dankbarkeit.

1. Glaube, dass es *eine* Intelligente Substanz gibt, aus der alle Dinge hervorgehen.

2. Glaube, dass diese Substanz dir alles gibt, was du dir wünscht.

3. Verbinde dich mit der Intelligenten Substanz durch ein tiefes und umfassendes Gefühl von Dankbarkeit.

Viele Menschen, die ihr Leben in jedem anderen Aspekt richtig führen, bleiben trotzdem in Armut, weil es ihnen an Dankbarkeit mangelt. Sobald sie ein Geschenk von Gott erhalten haben, kappen sie alle Verbindungen zu Ihm, indem sie es versäumen, die Gabe anzuerkennen und wertzuschätzen.

Es ist einfach zu verstehen: Je näher wir an der Quelle des Reichtums leben, desto mehr Reichtum werden wir erhalten. Und ebenso einfach ist es zu verstehen, dass die Seele, die immer dankbar ist, in vertrauterer Beziehung zu Gott lebt, als eine, die Ihm nie in dankbarer Anerkennung den Blick zuwendet.

Je dankbarer wir unseren Geist auf das Absolute ausrichten, wenn uns Gutes zukommt, desto mehr gute Dinge werden wir erhalten und desto schneller werden sie kommen. Und der Grund dafür ist einfach, dass eine dankbare Haltung den Geist in eine engere Beziehung zu der Quelle bringt, aus der aller Segen kommt.

Wenn die Vorstellung, dass Dankbarkeit deinen gesamten Geist mehr und mehr in Harmonie mit den schöpferischen Energien des Universums bringt, neu für dich ist, richte deine Aufmerksamkeit darauf, und du wirst feststellen, dass sie richtig ist. Die guten Dinge, die du bereits erhalten hast, sind bestimmten Gesetzen folgend zu dir gekommen. Dankbarkeit wird deinen Geist auf Wegen führen, auf denen die Dinge kommen. Und sie wird dich in enger Harmonie mit der schöpferischen Denkweise halten und davor bewahren, in Konkurrenzdenken abzugleiten.

Dankbarkeit allein kann dich dazu veranlassen, den Blick auf das große Ganze gerichtet zu halten, und dich davor schützen, in die irrige Vorstellung zu verfallen, die Dinge wären begrenzt, was für deine Hoffnungen fatal wäre, wenn es dir passieren würde.

Es gibt ein *Gesetz der Dankbarkeit*, und es ist absolut notwendig, dass du dieses Gesetz beachtest, wenn du die Resultate erhalten willst, die du dir wünscht.

Das *Gesetz der Dankbarkeit* entspricht dem natürlichen Prinzip, dass Aktion und Reaktion sich immer die Waage halten und in entgegengesetzte Richtungen bewegen.

Die Ausrichtung deines Geistes in dankbarem Lob des Absoluten *ist eine Freisetzung oder ein Einsatz von Kraft, die nicht darin versagen kann, das zu erreichen, worauf sie abzielt, und die Reaktion darauf ist eine sofortige Bewegung auf dich zu.*

„Nähere dich Gott, und er wird sich dir nähern."[9] Diese Aussage ist eine psychologische Wahrheit.

Und wenn deine Dankbarkeit stark und beständig ist, wird auch die Reaktion in der Formlosen Substanz stark und andauernd sein, und die Dinge, die du haben möchtest, werden sich immer auf dich zubewegen. Denke an die dankbare Haltung, die Jesus zeigte, und wie er immer zu sagen schien: „Vater, ich danke dir, dass du mich erhört hast."[10] Ohne Dankbarkeit kannst du kaum Macht ausüben, denn es ist die Dankbarkeit, die dich mit der Macht verbindet.

Doch der Wert von Dankbarkeit besteht nicht nur darin, in Zukunft weitere Segnungen zu erhalten. Ohne Dankbarkeit kannst du nach einiger Zeit nicht anders, als mit den Dingen wie sie sind unzufrieden zu sein.

In dem Moment, in dem du zulässt, dass sich dein Geist frustriert mit den Dingen wie sie sind, beschäftigt, beginnst du, Boden zu verlieren. Du konzentrierst deine Aufmerksamkeit auf das Gewöhnliche, das Alltägliche, das Ärmliche, das Schmuddelige und das Profane. Und dein Geist nimmt die Form all dessen an. Du übermittelst diese Formen oder mentalen Bilder an das Formlose, und schon beginnen das Gewöhnliche, das Ärmliche, das Schmuddelige und das Profane sich in deinem Leben breit zu machen.

Zuzulassen, dass sich dein Geist mit Minderwertigem beschäftigt, hat zur Folge, dass du selbst minderwertig wirst und dich mit minderwertigen Dingen umgibst.

Wenn du deine Aufmerksamkeit stattdessen aber auf das Beste richtest, führt das dazu, dass du dich mit dem Besten umgibst und auf dem Weg befindest, zum Besten zu werden.

Die Schöpferische Kraft in uns verwandelt uns in das Bild, dem wir die meiste Aufmerksamkeit schenken.

---

9   Jakobus 4,8
10 Johannes 11,14 – Luther-Bibel 1912

Wir sind Denkende Substanz, und Denkende Substanz nimmt immer die Form dessen an, womit sie sich in Gedanken befasst.

Der dankbare Geist ist stets auf das Beste ausgerichtet. Deshalb strebt er danach, zum Besten zu werden. Er nimmt die Gestalt oder den Charakter des Besten an und wird das Beste bekommen.

Außerdem wird Glaube aus Dankbarkeit geboren. Der dankbare Geist erwartet stets Gutes, und diese Erwartungshaltung wird zum Glauben. In Resonanz mit Dankbarkeit erzeugt der eigene Geist Glauben, und jede ausgesandte Welle von Dankbarkeit verstärkt den Glauben. Wer kein Gefühl der Dankbarkeit kennt, kann sich nicht lange einen lebendigen Glauben bewahren; und ohne lebendigen Glauben kannst du nicht auf die schöpferische Weise zu Reichtum kommen, wie wir in den folgenden Kapiteln sehen werden.

Es ist deshalb notwendig, dass du die Gewohnheit kultivierst, für alles Gute, das dir zukommt, dankbar zu sein, und dich fortwährend zu bedanken.

Und weil alle Dinge zu deiner Entwicklung und deinem Fortschritt beigetragen haben, solltest du auch alle Dinge in deine Dankbarkeit einschließen.

Verschwende keine Zeit damit, dir Gedanken über die Schwächen oder Fehlhandlungen von Plutokraten oder Trust-Magnaten zu machen oder darüber zu reden. Die Ordnung, die sie der Welt aufgeprägt haben, hat deine Gelegenheiten geschaffen; alles, was du erhältst, kommt letztlich von ihnen.

Wüte nicht gegen korrupte Politiker, denn gäbe es keine Politiker, würden wir in Anarchie fallen, und deine Chancen und Gelegenheiten wären dann erheblich geringer.

Gott hat lange und sehr geduldig daran gearbeitet, uns dahin zu bringen, wo wir heute dank Industrie und Regierung stehen, und er führt sein Werk unablässig fort. Es besteht nicht der leiseste

Zweifel daran, dass Er die Plutokraten, Trust-Magnaten, Industrie-kapitäne und Politiker abschaffen wird, sobald sie entbehrlich sind. Doch bis dahin betrachte sie alle als etwas sehr Gutes. Denke daran, dass sie alle dabei helfen, die Übertragungskanäle anzule-gen, über die dein Reichtum zu dir kommen wird, und sei ihnen al-len dankbar. Das wird dich in eine harmonische Beziehung zum Guten in allem bringen, und das Gute in allem wird sich auf dich zubewegen.

8. Auf die *bestimmte Weise* denken

Blättere zurück zu Kapitel 6 und lies die Geschichte des Mannes, der sich ein geistiges Bild seines Hauses schuf, noch einmal. Sie vermittelt eine gute Vorstellung vom ersten Schritt in Richtung Reichtum. Du musst ein klares und eindeutiges geistiges Bild von dem formen, was du haben willst. Du kannst keine Idee übermitteln, solange sie dir selbst nicht klar ist.

Du musst sie erst haben, bevor du sie weitergeben kannst. Und viele Menschen scheitern deshalb dabei, der Denkenden Substanz etwas einzuprägen, weil sie selbst nur eine vage und nebulöse Vorstellung davon haben, was sie tun, haben oder werden wollen.

Es reicht nicht aus, sich ganz allgemein Wohlstand und Reichtum zu wünschen, „um damit Gutes zu tun". Diesen Wunsch hat jeder.

Es reicht auch nicht aus, einfach reisen, neue Dinge sehen und intensiver leben zu wollen. All das wünschen sich ebenfalls alle. Wenn du einem Freund ein Telegramm schicken würdest, dann würdest du ihm sicher nicht die Buchstaben des Alphabets in ihrer Reihenfolge schicken und es ihm überlassen, sich die Nachricht zusammenzureimen. Und genauso wenig würdest du ihm wahllos aus dem Lexikon gepickte Wörter senden. Du würdest ihm stattdessen einen zusammenhängenden Satz schicken, einen, der etwas bedeutet. Wenn du der Substanz einen Wunsch einprägen willst, vergiss nicht, dass er zusammenhängend und sinnvoll formuliert sein muss. Du musst wissen, was du willst, und dich eindeutig ausdrücken. Du kannst niemals reich werden oder die schöpferische Kraft in Gang setzen, indem du nur vage Sehnsüchte und Wünsche aussendest.

Gehe deine Wünsche so in Gedanken durch, wie der Mann, von dem ich erzählt habe, gedanklich durch sein Haus ging. Sieh mit dem inneren Auge, was du dir wünscht, und schaffe dir ein klares geistiges Bild davon, wie es aussehen wird, wenn du es bekommst.

Dieses klare mentale Bild musst du ständig in deinen Gedanken halten, so wie ein Seemann stets an den Hafen denkt, zu dem er sein Schiff steuert. Du musst den Blick stets darauf gerichtet halten. Du darfst es genauso wenig aus den Augen verlieren, wie ein Steuermann den Kompass aus dem Blick lässt.

Es ist nicht nötig, Konzentrationsübungen zu absolvieren, sich Auszeiten für Gebete und Affirmationen zu nehmen, „in die Stille zu gehen" oder sich mit okkulten Praktiken zu beschäftigen. Von alledem gibt es reichlich, doch du musst lediglich wissen, was du willst. Und du musst es so unbedingt wollen, dass es beständig in deinen Gedanken präsent ist.

Verbringe so viel deiner freien Zeit wie möglich damit, dich in dein Bild zu versenken. Aber niemand braucht Übungen zu machen, um seinen Geist auf etwas zu konzentrieren, was er unbedingt will. Es sind die Dinge, die dir nicht wichtig sind, bei denen du dich anstrengen musst, um dich darauf zu konzentrieren.

Und solange du nicht wirklich reich werden willst, und dieser Wunsch nicht so stark ist, dass deine Gedanken von ihm angezogen werden, wie die Kompassnadel vom Magnetpol, wird sich die Mühe für dich kaum lohnen, zu versuchen, die Anweisungen in diesem Buch zu befolgen.

Die Methoden, die in diesem Buch dargelegt werden, sind für Menschen, deren Wunsch nach Reichtum stark genug ist, um geistige Trägheit und Bequemlichkeit zu überwinden, und sie anzuwenden, bis sie wirken.

Je klarer und eindeutiger du dein mentales Bild gestaltest und je mehr du dich damit beschäftigst und auf seine wunderbaren Einzelheiten konzentrierst, desto mächtiger wird dein Wunsch. Und je mächtiger dein Wunsch ist, desto leichter fällt es dir, deinen Geist auf das Bild zu fixieren, das deinen Wunsch repräsentiert.

Doch es ist etwas mehr nötig, als nur das Bild klar vor Augen zu haben. Denn wenn das alles ist, was du tust, bist du lediglich ein Träumer und verfügst über wenig oder gar keine Kraft zur Erreichung deines Ziels.

Hinter deiner klaren Vision muss die Absicht stehen, sie zu verwirklichen, also in eine materielle Form zu bringen, die man anfassen kann.

Und hinter dieser Absicht muss der unbezwingbare und standhafte **Glaube** daran stehen, dass das Gewünschte schon dein ist; dass es bereits vorhanden ist und du es nur noch in Besitz nehmen musst.

Lebe - in deiner geistigen Vorstellung - im neuen Haus, bis es um dich herum physische Gestalt annimmt. Beginne auf mentaler Ebene sofort damit, die Dinge, die du gerne haben möchtest, in vollen Zügen zu genießen.

„Und alles, was ihr bittet im Gebet, so ihr glaubet, werdet ihr's empfangen"[11], sagte einst Jesus.

Sieh die Dinge, die du haben möchtest, so als wären sie tatsächlich ständig um dich herum vorhanden, und sieh dich selbst, wie du sie besitzt und verwendest. Benutze sie in deiner Vorstellung so, wie du sie benutzen wirst, sobald du sie in materieller, greifbarer Form besitzt. Beschäftige dich mit deinem mentalen Bild, bis es klar und deutlich ist, und nimm dann die geistige Haltung ein, dass alles in diesem Bild dein ist. Nimm den Inhalt des Bildes im Geiste in Besitz in dem festen Glauben, dass er dir tatsächlich gehört.

Halte an deinem mentalen Besitz fest und wanke nicht einen Moment lang in dem Glauben daran, dass er real ist.

---

11   Matthäus 21,22 – Luther-Bibel 1912

Und vergiss nicht, was im vorangegangenen Kapitel über Dankbarkeit gesagt wurde. Sei für deinen mentalen Besitz stets so dankbar, wie du es sein wirst, sobald er materielle Form angenommen hat. Ein Mensch, der Gott aufrichtig für Dinge danken kann, die er bislang nur in seiner geistigen Vorstellung besitzt, verfügt über wahren Glauben. Er wird reich werden, und er wird die Erschaffung all dessen bewirken, was er sich wünscht.

Du brauchst nicht immer wieder für Dinge, die du dir wünscht, zu beten; es ist nicht nötig, Gott tagtäglich darauf anzusprechen.

„Und wenn ihr betet, sollt ihr nicht viel plappern wie die Heiden"[12], sagte Jesus zu seinen Jüngern, „denn euer Vater weiß, was ihr bedürfet, ehe ihr ihn bittet."[13]

Deine Aufgabe ist es, deine Wünsche nach Dingen, die das Leben großartiger machen, intelligent zu formulieren und zu einem stimmigen Ganzen zu arrangieren, um diesen Gesamtwunsch dann der Formlosen Substanz einzuprägen, die die Macht und den Willen besitzt, dir zu bringen, was du dir wünscht.

Diese Einprägung geschieht nicht dadurch, dass du aneinander gereihte Worte wiederholst; du erreichst sie, indem du an deiner Vision mit der unbeirrbaren **Absicht** festhältst, sie zu verwirklichen, und mit dem unerschütterlichen **Glauben** daran, dass dir das gelingt.

Die Antwort auf deine Gebete erfolgt nicht nach deinem Glauben, während du sie sprichst, sondern nach deinem Glauben im täglichen Leben.

Du kannst den Geist Gottes nicht beeindrucken, indem du einen speziellen Sabbath-Tag festlegst, an dem du Ihm erzählst, was du dir wünscht, und Ihn die übrigen Tage der Woche vergisst. Du kannst Ihn nicht beeindrucken, indem du bestimmte Stunden ein-

---

12 Matthäus 6,7 – Luther-Bibel 1912
13 Matthäus 6,8 – Luther-Bibel 1912

richtest, in denen du dich in dein Zimmer zurückziehst und betest, um deine Vision dann bis zur nächsten festgelegten Gebetsstunde aus deinen Gedanken zu verbannen.

Mündliches Beten macht durchaus Sinn und erzielt auch Wirkung, vor allem für dich selbst, indem es dich deine Vision klarer sehen lässt und deinen Glauben stärkt. Aber es sind nicht deine gesprochenen Gebete, die dir das verschaffen, was du dir wünscht. Um reich zu werden, brauchst du keine „nette kleine Gebetsstunde"; stattdessen musst du „beten ohne Unterlass". Und mit Gebet meine ich, dass du deine Vision unablässig vor Augen hast mit der festen Absicht, ihre Erschaffung in materieller Form zu bewirken, und dem Glauben, dass dir das tatsächlich gelingt.

„Glaubet nur, dass ihr's empfangen werdet."[14]

Dies alles leitet das Empfangen ein, sobald du dir ein klares geistiges Bild geschaffen hast. Wenn du es ausgestaltet hast, empfiehlt es sich, deinen Wunsch in Worte zu fassen, die du in einem andächtigen Gebet an das Absolute richtest. Und von diesem Moment an musst du in deiner geistigen Vorstellung empfangen, worum du bittest. Lebe im Haus deiner Träume, trage feine Kleidung, fahre in deinem neuen Auto, mache die ersehnte Reise und plane mit Zuversicht größere Reisen. Denk und sprich über all die Dinge, um die du gebeten hast, so, als würdest du sie bereits besitzen. Stell dir dein Umfeld und deine finanzielle Situation genau so vor, wie du sie haben willst, und lebe in all der Zeit in diesem imaginären Umfeld und der finanziellen Situation.

Achte aber darauf, dass du all dies nicht als schlichter Träumer oder Erbauer von Luftschlössern tust. Halte an deinem **Glauben** fest, dass deine Vorstellung sich verwirklicht, und an der **Absicht**, sie Wirklichkeit werden zu lassen.

---

14 Markus 11,24 – Luther-Bibel 1912

Vergiss nicht, dass es beim Einsatz der Vorstellungskraft Glaube und Absicht sind, die den Unterschied zwischen dem Wissenschaftler und dem Träumer ausmachen. Und nachdem dir diese Tatsache nun klar ist, musst du im nächsten Schritt lernen, deinen Willen einzusetzen.

9. Wie man den Willen einsetzt

Auf dem Weg, auf wissenschaftliche Weise reich zu werden, versuchst du nicht, deine Willenskraft auf irgendetwas außerhalb dir selbst einzusetzen.

Du hast ohnehin kein Recht, das zu tun.

Es ist falsch, andere Männer und Frauen durch den Einsatz deiner Willenskraft dazu zu bringen, das zu tun, was du getan haben willst.

Es ist genauso schändlich, Menschen durch mentale Kraft zu etwas zu zwingen, wie durch Anwendung körperlicher Gewalt. Wenn du Menschen durch körperliche Gewalt dazu zwingst, etwas für dich zu tun, reduzierst du sie darauf, Sklaven zu sein; zwingst du sie mit mentalen Mitteln, ist das genau das Gleiche; der einzige Unterschied liegt in der Methode. Menschen etwas mit körperlicher Gewalt wegzunehmen ist Raub; ihnen Dinge mit mentaler Kraft zu nehmen, ist ebenfalls Raub. Zwischen beiden Handlungsweisen gibt es keinen prinzipiellen Unterschied.

Du hast kein Recht, deine Willenskraft gegen einen anderen Menschen einzusetzen, selbst wenn es „zu seinem Besten" ist, denn du weißt nicht, was gut für ihn ist. *Die Wissenschaft vom Reichwerden* verlangt nicht von dir, Macht oder Gewalt gegen irgendeinen anderen Menschen anzuwenden, egal auf welche Weise. Es gibt nicht die geringste Notwendigkeit, das zu tun. Und jeder Versuch, deine Willenskraft gegen andere einzusetzen, wird nur dazu führen, dass deine Absicht vereitelt wird.

Du brauchst deinen Willen nicht auf Dinge zu richten, um sie zu zwingen, zu dir zu kommen.

Das wäre schlicht der Versuch, Gott zu zwingen, und das wäre töricht, nutzlos und obendrein respektlos.

Du brauchst genauso wenig Gott zu zwingen, dir Gutes zu geben, wie du deine Willenskraft einsetzen musst, um die Sonne aufgehen zu lassen.

Du brauchst nicht deine Willenskraft einzusetzen, um eine unfreundlich gesinnte Gottheit zu besiegen oder widerspenstige und rebellische Kräfte für dich einzuspannen.

Die Substanz ist freundlich zu dir und mehr bemüht, dir zu geben, was du dir wünscht, als du selbst danach strebst, es zu bekommen.

Um reich zu werden, brauchst du deine Willenskraft nur auf dich selbst zu richten.

Wenn du weißt, was du zu denken und tun hast, brauchst du deine Willenskraft nur dazu einzusetzen, dich selbst dazu zu bringen, das Richtige zu denken und zu tun. Das ist der legitime Gebrauch des Willens dabei, das zu bekommen, was du haben willst: ihn dazu einzusetzen, dich auf dem richtigen Kurs zu halten. Benutze deinen Willen dazu, auf die *bestimmte Weise* zu denken und zu handeln.

Versuche nicht, deinen Willen, deine Gedanken oder deinen Geist in den Raum hinaus zu projizieren, um auf Dinge oder Menschen einzuwirken.

Halte deinen Geist zuhause. Dort kann er mehr bewirken und erreichen, als irgendwo sonst.

Benutze deinen Geist, um ein mentales Bild dessen, was du dir wünscht, zu formen, und diese Vision mit Glaube und Absicht festzuhalten. Und benutze deinen Willen, um deinen Geist dazu zu bringen, auf die *richtige Weise* zu agieren.

Je fester und beständiger dein Glaube und deine Absicht sind, desto schneller wirst du reich, weil du der Substanz nur **positive** Gedankenbilder einprägst und diese nicht durch negative Bilder neutralisierst oder auslöscht.

Das geistige Bild deiner Wünsche, mit Glaube und Absicht gehalten, wird von der Formlosen Substanz aufgenommen und durchdringt diese über große Entfernungen hinweg; ja, im ganzen Universum, soweit ich weiß.

Während sich dieses eingeprägte Bild ausbreitet, werden alle Dinge in Bewegung gesetzt, um es zu realisieren; jedes lebende Ding, jedes unbelebte Ding, und die Dinge, die noch nicht geschaffen sind, werden dazu angeregt, die Dinge existent werden zu lassen, die du dir wünscht. Alle Macht beginnt in diese Richtung zu wirken und alle Dinge fangen an, sich auf dich zuzubewegen. Überall wird das Bewusstsein von Menschen beeinflusst, zu tun, was zur Erfüllung deiner Wünsche nötig ist, und sie arbeiten für dich, ohne sich dessen bewusst zu sein.

Aber all das kannst du hemmen und abwürgen, indem du anfängst, der Formlosen Substanz ein negatives Bild einzuprägen. Zweifel oder Unglaube sorgen so sicher dafür, dass sich all das von dir entfernt, wie Glaube und Absicht veranlassen, dass es sich auf dich zubewegt. Dass sie diese Zusammenhänge nicht verstehen, ist der Grund dafür, warum die meisten Menschen scheitern, die versuchen, auf „mentalem Weg" reich zu werden. Jede Stunde, ja selbst einzelne Momente, die du mit Zweifeln und Ängsten verbringst; jede Stunde in Sorge, jede Stunde, in der deine Seele von Unglauben beherrscht wird, setzt eine Flut in Gang, die sich im gesamten Feld der Intelligenten Substanz von dir fortbewegt. All die Verheißungen und Versprechen gelten für die Menschen, die glauben, und nur für sie. Sieh dir an, wie nachdrücklich Jesus immer wieder auf die Bedeutung des Glaubens hingewiesen hat. Und nun kennst du den Grund dafür.

Weil der Glaube so überaus wichtig ist, ist es notwendig, dass du deine Gedanken schützt. Und weil deine Glaubenssätze zu einem sehr hohen Anteil von Dingen geformt werden, die du beobachtest und über die du nachdenkst, ist es wesentlich, dass du deine Aufmerksamkeit beherrscht.

Und hier kommt der Wille zum Einsatz, denn es ist dein Wille, mit dem du entscheidest, auf welche Dinge du deine Aufmerksamkeit richtest.

Wenn du reich werden willst, darfst du dich nicht mit dem Studium der Armut beschäftigen.

Dinge entstehen nicht dadurch, dass man über ihr Gegenteil nachdenkt. Gesundheit erlangt und erhält man nicht, indem man Krankheiten studiert und sich in Gedanken damit beschäftigt. Anstand, Fairness und Integrität werden nicht entwickelt und gefördert, indem man Unrecht studiert und sich gedanklich damit befasst. Und niemand ist je reich geworden, indem er sich ausgiebig mit Armut auseinandergesetzt hat.

Medizin als eine Wissenschaft der Krankheit hat Krankheiten vermehrt; Religion als eine Wissenschaft der Sünde hat die Sünde unterstützt. Und eine Volkswirtschaftslehre, die sich dem Studium der Armut widmet, wird Elend und Mangel in der Welt verbreiten.

Sprich nicht über Armut, erforsche sie nicht und beschäftige dich nicht damit. Mach dir keine Gedanken über ihre Ursachen, denn du hast nichts damit zu tun.

Was dich betrifft und beschäftigt, ist die Heilung.

Verbringe deine Zeit nicht mit gemeinnütziger Arbeit oder für karitative Organisationen. Alle Wohltätigkeit führt letztlich dazu, das Elend aufrechtzuerhalten, das sie eigentlich ausrotten will.

Ich sage nicht, dass du hartherzig oder lieblos sein und dich weigern sollst, Bitten von Menschen in Not zu hören. Aber du solltest nicht versuchen, Armut auf irgendeine konventionelle Weise zu beseitigen. Lass die Armut und alles, was damit zu tun hat, hinter dir und „bringe es zu etwas."

Werde reich; das ist der beste Weg, wie du Armen helfen kannst.

Und du kannst das mentale Bild, das dich reich machen soll, nicht halten, wenn du deinen Geist mit Bildern von Armut füllst. Lies keine Bücher oder Zeitungen, die ausführlich über das Elend der Menschen berichten, die in Mietskasernen hausen, oder über den Horror von Kinderarbeit und so weiter. Lies nichts, was deinen Geist mit düsteren Bildern von Not und Leid füllt.

Du kannst den Armen mitnichten dadurch helfen, dass du über all diese Dinge Bescheid weißt, und das weitverbreitete Wissen darüber trägt nicht das Geringste dazu bei, Armut auszurotten.

Dass man Bilder von Armut in seinen Geist lädt, trägt nicht zur Beseitigung von Armut bei.

Zur Beseitigung der Armut trägt nicht bei, wenn du dich in Gedanken mit Bildern der Armut befasst, sondern wenn Arme sich mit Bildern von Reichtum beschäftigen.

Du lässt die Armen in ihrem Elend nicht im Stich, wenn du dich weigerst zuzulassen, dass dein Geist von Bildern dieses Elends erfüllt wird.

Armut kann nicht ausgerottet werden, indem die Anzahl wohlmeinender Menschen wächst, die über Armut nachdenken, sondern durch eine wachsende Zahl armer Leute, die sich ernsthaft vornehmen, reich zu werden, und fest an ihr Ziel glauben.

Die Armen brauchen keine Almosen, sie brauchen Inspiration. Die Wohlfahrt versorgt sie mit einem Laib Brot, um sie in ihrem Elend am Leben zu erhalten, oder mit Unterhaltung, um sie ihre Lage für ein oder zwei Stunden vergessen zu lassen. Doch Inspiration wird sie veranlassen, sich aus ihrer Armut zu erheben und zu befreien. Wenn du den Armen helfen möchtest, zeige ihnen, dass sie reich werden können, und beweise es ihnen, indem du selbst reich wirst.

Die einzige Möglichkeit, Armut jemals von der Erde zu verbannen, besteht darin, dass eine ständig wachsende Zahl von Menschen die Lehren dieses Buches praktiziert.

Menschen muss vermittelt werden, durch Schöpfung reich zu werden, und nicht durch Wettbewerb und Konkurrenzkampf.

Jeder Mensch, der durch Konkurrenzdenken reich wird, stößt hinter sich die Leiter um, auf der er aufwärts steigt, und hält andere unten. Aber jeder Mensch, der durch Schöpfung reich wird, öffnet für Tausende einen Weg, ihm zu folgen, und inspiriert sie dazu, es zu tun.

Es ist kein Zeichen von Hartherzig- oder Gefühllosigkeit, wenn du dich weigerst, Armut zu bedauern, Armut zu sehen, über Armut zu lesen, zu sprechen oder nachzudenken, oder Menschen zuzuhören, die darüber reden. Nutze deine Willenskraft, um deinen Geist vom Thema Armut **fernzuhalten**, und um ihn mit Glauben und Absicht auf die Vision dessen **gerichtet zu halten**, was du sein oder haben willst.

10. Weiterer Einsatz des Willens

Du kannst keine wahre und klare Vision von Reichtum aufrechterhalten, wenn du deine Aufmerksamkeit ständig äußeren oder inneren Bildern widmest, die ihr zuwiderlaufen.

Sprich nicht über finanzielle Probleme aus der Vergangenheit, wenn du welche hattest. Denk einfach nicht mehr an sie. Rede auch nicht über die Armut deiner Eltern oder die schwierigen Umstände deiner Kindheit. Denn wenn du das tust, ordnest du dich damit geistig selbst in die Rubrik der Armen ein. Und damit bremst du mit Sicherheit den Fluss der Dinge, die eigentlich auf dich zukommen.

„Lass die Toten ihre Toten begraben[15]", wie Jesus sagte.

Lass Armut und alles, was damit zu tun hat, komplett hinter dir.

Du hast eine bestimmte Theorie des Universums akzeptiert und stützt all deine Hoffnungen auf ein glückliches Leben darauf, dass sie richtig und zutreffend ist. Was also sollte es dir bringen, dich mit anderen Theorien zu befassen, die ihr widersprechen?

Lies keine religiösen Bücher, die dir erzählen, dass die Welt demnächst untergeht, und auch keine Schriften von sensationslüsternen Schreiberlingen und pessimistischen Philosophen, die verbreiten, die Welt würde zum Teufel gehen.

Die Welt geht nicht zum Teufel, sie geht zu Gott.

Sie entwickelt sich auf wundervolle Weise.

Es stimmt, in den herrschenden Verhältnissen gibt es eine Menge unerfreuliche Dinge. Doch welchen Sinn macht es, diese zu untersuchen, wenn sie doch mit Sicherheit irgendwann sowieso verschwinden, und wenn ihre Erforschung nur dazu führt, dass ihr

---

15 Matthäus 8,22 / Lukas 9,60 – Luther-Bibel 1912

Auslaufen blockiert wird und sie uns dadurch erhalten bleiben? Wozu Zeit und Aufmerksamkeit auf Dinge verwenden, die durch evolutionäre Entwicklung verschwinden werden, wenn du ihr Verschwinden einzig dadurch beschleunigen kannst, dass du zur evolutionären Entwicklung beiträgst, soweit dir das möglich ist.

Ganz gleich, wie schrecklich die Verhältnisse in bestimmten Ländern, Gebieten oder Orten erscheinen mögen, du vergeudest nur deine Zeit und zerstörst deine eigenen Gelegenheiten, wenn du dich damit auseinandersetzt.

Du solltest dich dafür interessieren, wie die Welt reich wird.

Beschäftige dich in Gedanken mit dem Reichtum, in den die Welt hineinwächst, statt mit der Armut, der sie entwächst. Und sei dir darüber im klaren, dass deine einzige Möglichkeit, die Welt beim Reichwerden zu unterstützen, darin besteht, dass du selbst reich wirst – auf schöpferische Weise allerdings, nicht durch Konkurrenzdenken.

Widme deine volle Aufmerksamkeit dem Wohlstand und ignoriere Armut.

Wenn immer du über Leute, die arm sind, nachdenkst oder sprichst, denke und rede über sie als von Menschen, die dabei sind reich zu werden, und die eher zu beglückwünschen als zu bemitleiden sind. Dann werden sie und andere die Inspiration aufnehmen und damit beginnen, nach einem Weg aus ihrer Lage zu suchen.

Wenn ich sage, dass du deine Zeit, deine Aufmerksamkeit und deine Gedanken voll und ganz dem Wohlstand widmen sollst, bedeutet das nicht, dass du auf dem Weg bist, schäbig und knauserig zu werden.

Wirklich reich zu werden, ist das nobelste Ziel, das du im Leben haben kannst, denn es schließt alles andere mit ein.

In der Welt des Wettbewerbs und der Konkurrenz ist der Weg zum

Reichtum ein Kampf, in dem gottlosen Bemühen, Macht über andere Menschen zu erringen. Doch wenn wir unser Bewusstsein auf die schöpferische Ebene ausrichten, ändert sich das alles.

Alles, was du an Größe und Entfaltung der Seele, an Einsatz und höheren Zielen anstrebst, wird möglich, wenn du reich wirst. Denn alles ist möglich, wenn du Zugang zu allem hast, was du benötigst.

Wenn deine körperliche Gesundheit angeschlagen ist, wirst du feststellen, dass deine Gesundung davon abhängt, dass du reich wirst.

Nur wer frei von finanziellen Belastungen ist, über die Mittel verfügt, ein sorgloses Leben zu führen und auf Hygiene zu achten, kann gesund werden und bleiben.

Moralische und geistige Größe zu erreichen, ist nur dem möglich, der über dem Kampf gegen die Konkurrenz und um die Existenz steht. Und nur wer auf der Ebene des schöpferischen Denkens reich wird, ist frei von den menschenunwürdigen Auswirkungen eines Lebens in andauerndem Wettbewerb. Wenn dein Herz für häusliches Glück schlägt, denke daran, dass Liebe da am besten gedeiht, wo Kultiviertheit, anspruchsvolle Gedanken und Freiheit von zersetzenden Einflüssen herrschen, und die sind nur da zu finden, wo Wohlstand durch schöpferisches Denken und ohne Reibereien mit Rivalen geschaffen wird.

Du kannst dir kein höheres und nobleres Ziel setzen, wiederhole ich, als reich zu werden. Und um es zu erreichen, musst du deine volle Aufmerksamkeit auf dein mentales Bild von Reichtum fixieren und dabei alles ausblenden, was deine Vision verschleiern oder verdunkeln könnte.

Du musst lernen, die zugrunde liegende **Wahrheit** in allem zu erkennen. Du musst hinter allen anscheinend verkehrten Verhältnissen und Gegebenheiten das Eine Große Leben sehen, das sich stetig auf vollere Entfaltung und größeres Lebensglück zubewegt.

Die Wahrheit ist, dass so etwas wie Armut nicht existiert, sondern dass es nur Wohlstand gibt.

Manche Menschen bleiben dauerhaft in Armut, weil ihnen die Tatsache unbekannt ist, dass es Wohlstand auch für sie gibt. Und dieses Wissen vermittelt man ihnen am besten, indem man ihnen den Weg zu Wohlstand und Reichtum am eigenen Beispiel zeigt und vorlebt.

Andere sind arm, weil sie, obwohl sie fühlen, dass es einen Weg aus ihren Verhältnissen gibt, zu träge sind, die mentale Anstrengung zu unternehmen, die nötig ist, um den Weg zu finden und zu beschreiten. Und für diese Menschen ist das Allerbeste, was du tun kannst, ihren Wunsch danach zu wecken, indem du ihnen das Glück vorführst, das ein Mensch erlebt, der rechtschaffen reich ist.

Wieder andere sind noch immer arm, weil sie, obwohl sie eine vage Vorstellung von der Wissenschaft haben, so mit Informationen überschwemmt werden und sich in einem Labyrinth aus metaphysischen und okkulten Theorien verlieren, dass sie nicht wissen, welchen Weg sie einschlagen sollen. Sie versuchen es mit einer Mischung aus vielen Systemen und scheitern in allen. Auch in ihrem Fall ist das Beste, was du tun kannst, ihnen den Weg am eigenen Beispiel zu zeigen und vorzuleben. Eine Unze Tun wiegt ein Pfund Theoretisieren auf.

Das Allerbeste, was du für die ganze Welt tun kannst, ist, das Beste aus dir selbst zu machen.

Du kannst Gott und der Menschheit auf keinem anderen Weg effektiver dienen, als dadurch, dass du reich wirst – vorausgesetzt allerdings, du schaffst deinen Wohlstand auf die schöpferische Weise und nicht auf die konkurrenzbetonte.

Eine Sache noch: Wir versichern, dass dieses Buch die Prinzipien der Wissenschaft vom Reichwerden detailliert darlegt. Und wenn dem so ist, brauchst du kein weiteres Buch zu diesem Thema zu lesen. Das mag sich borniert und egoistisch anhören, aber betrachte es so: Es gibt in der Mathematik keine weitere Methode zu rechnen, als Addition, Subtraktion, Multiplikation und Division; eine andere Methode ist nicht möglich. Es kann nur eine kürzeste Verbindung zwischen zwei Punkten geben. Es gibt nur eine Art, wissenschaftlich zu denken, und das ist die Denkweise, die so direkt und einfach wie irgend möglich zum Ziel führt. Kein Mensch hat je ein knapperes oder weniger komplexes „System" formuliert, als das in diesem Buch dargelegte, bei dem alles, was nicht wesentlich und grundlegend ist, weggelassen wurde. Wenn du dich mit ihm zu beschäftigen beginnst, lege alle anderen beiseite und verbanne sie vollständig aus deinem Geist.

Lies jeden Tag in diesem Buch, führe es immer mit dir, präge es deinem Gedächtnis ein und denke nicht über andere „Systeme" oder Theorien nach. Denn wenn du das tust, werden dir Zweifel kommen, du wirst unsicher werden und anfangen, in Gedanken zu schwanken. Und damit beginnst du, Fehler zu machen, die zu Misserfolgen führen.

Sobald du es zu etwas gebracht hast und reich geworden bist, kannst du andere Systeme studieren, so viele du willst. Doch bevor du nicht ganz sicher bist, dass du erreicht, was du dir vorgenommen hast, lies nichts anderes zu diesem Thema, als dieses Buch oder Schriften der Autoren, die im Vorwort erwähnt werden.

Und lies nur optimistische Kommentare zu den Nachrichten der Welt; solche, die mit deiner Vision in Einklang stehen.

Stelle auch die Beschäftigung mit Okkultem zurück. Befasse dich nicht nebenbei mit Theosophie, Spiritualismus oder ähnlichen Lehren. Es ist sehr wahrscheinlich, dass die Toten noch leben und in der Nähe sind. Aber wenn sie das sind, lass sie zufrieden und kümmere dich um deine eigenen Angelegenheiten.

Wo immer sich die Geister der Verstorbenen befinden mögen, sie haben ihre eigene Arbeit zu tun und ihre eigenen Probleme zu lösen. Und wir haben kein Recht dazu, sie zu stören. Wir können ihnen nicht helfen, und es ist höchst zweifelhaft, dass sie uns helfen können, oder ob wir das Recht haben, ihre Zeit zu beanspruchen, falls sie es können. Lass die Toten und das Jenseits unbehelligt und löse dein eigenes Problem: werde reich. Wenn du anfängst, dich auf das Okkulte einzulassen, löst du mentale Gegenströmungen aus, die deine Hoffnungen Schiffbruch erleiden lassen werden.

Dieses und die vorangegangenen Kapitel haben uns zu folgenden Aussagen über grundlegende Fakten geführt:

- *Es gibt einen denkenden Stoff, aus dem alle Dinge gemacht sind, und der in seinem ursprünglichen Zustand alle Zwischenräume im Universum durchdringt und erfüllt.*

- Eine gedankliche Vorstellung, in diese Substanz eingebracht, erschafft das erdachte Objekt.

- Der Mensch kann also in Gedanken Dinge formen und gestalten und, indem er sie der Formlosen Substanz einprägt, deren Erschaffung bewirken.

- *Um dies zu bewirken, muss der Mensch von einer konkurrenzbetonten zu einer schöpferischen Geisteshaltung überwechseln. Er muss ein klares mentales Bild der Dinge schaffen, die er sich wünscht, und dieses Bild in seiner geistigen Vorstellung festhalten mit der festen **Absicht**, zu bekommen, was er sich wünscht, und im unerschütterlichen **Glauben** daran, dass er bekommen wird, was er haben will, wobei er seinen Geist gegen alles abschirmt, was geeignet ist, seine Absicht zu erschüttern, seine Vision zu trüben oder seinen Glauben zu schwächen.*

Und wie wir gleich sehen werden, muss er zusätzlich zu alledem auf die *bestimmte Weise* leben und handeln.

11. Auf *bestimmte Weise* handeln

Denken ist die kreative Kraft oder der Antrieb, der die schöpferische Kraft veranlasst, aktiv zu werden. Auf die *bestimmte Weise* zu denken, wird dir Reichtum bringen, aber du darfst nicht auf dein Denken alleine bauen, ohne auf dein Handeln zu achten. Das ist der Felsen, an dem viele, die ansonsten wissenschaftlich metaphysisch denken, Schiffbruch erleiden: ihr Unvermögen darin, ihr Denken mit ihrem Handeln zu verbinden.

Wir haben das Stadium der Entwicklung noch nicht erreicht – angenommen, ein solches Stadium ist überhaupt möglich -, in dem der Mensch direkt aus der Formlosen Substanz heraus Dinge erschaffen kann, ohne dass dazu Vorgänge der Natur oder die Arbeit von Menschen notwendig wären. Es reicht nicht aus, nur zu denken, persönliches Handeln muss das Denken ergänzen.

Durch Denken kannst du veranlassen, dass das Gold im Herzen der Berge in deine Richtung strebt. Doch es wird sich nicht selbständig fördern, veredeln, in geprägte Münzen verwandeln und auf der Suche nach dem Weg in deine Taschen die Straße entlanggerollt kommen.

Unter der treibenden Kraft des Höchsten Geistes werden die Angelegenheiten der Menschen so organisiert, dass jemand veranlasst wird, das Gold für dich zu fördern. Die geschäftlichen Transaktionen anderer Menschen werden so gelenkt, dass das Gold auf den Weg zu dir gebracht wird. Und es ist an dir, deine geschäftlichen Angelegenheiten so zu arrangieren, dass du jederzeit in der Lage bist, das Gewünschte in Empfang zu nehmen, wenn es zu dir kommt. Dein Denken bringt alle Dinge, belebte und unbelebte, dazu, aktiv zu werden und dir zu bringen, was du dir wünscht. Doch dein persönliches Handeln muss so geartet sein, dass du, was du dir wünscht, mit Fug und Recht annehmen kannst, wenn es dich erreicht. Du sollst es nicht als Almosen erhalten oder gar stehlen. Du musst jedem Menschen mehr an Nutzwert zurückgeben, als er dir an Geldwert gibt.

Der wissenschaftliche Einsatz des Denkens besteht darin, ein klares und eindeutiges geistiges Bild von dem zu formen, was du dir wünscht, es in deiner Vorstellung festzuhalten mit der Absicht, zu bekommen, was du haben möchtest, und in dankbarem Glauben darauf zu vertrauen, dass du das Gewünschte tatsächlich bekommen wirst.

Versuche nicht, deine Gedanken auf irgendeine mysteriöse oder okkulte Weise zu „projizieren" in der Vorstellung, dass sie ausschwärmen und Dinge für dich tun. Denn das wäre verschwendete Mühe und würde nur deine Kraft dazu schwächen, mit Vernunft zu denken.

Die Rolle des Denkens auf dem Weg zu Wohlstand und Reichtum wurde in den vorangegangenen Kapiteln ausführlich erklärt. Dein Glaube und deine Absicht prägen der Formlosen Substanz, die denselben Wunsch nach Entfaltung des Lebens hat wie du, deine Vision deutlich ein. Und diese Vision, die sie von dir übermittelt bekommen hat, setzt alle schöpferischen Kräfte über ihre regulären aktiven Kanäle, aber an dich gerichtet, in Bewegung.

Es ist nicht deine Sache, den schöpferischen Prozess zu steuern oder zu überwachen. Alles, was du damit zu tun hast, ist, deine Vision vor Augen zu haben, deine Absicht zu bewahren und deinen Glauben und deine Dankbarkeit aufrechtzuerhalten.

Doch du musst auf eine *bestimmte Weise* handeln, damit du, was dir zusteht, empfangen kannst, wenn es zu dir kommt, und damit du den Dingen begegnest, die deinem Bild entsprechen, und sie richtig einordnen kannst, wenn sie eintreffen. Dass dies wahr ist, kannst du dir einfach deutlich machen. Wenn du Dinge erhältst, kommen sie aus den Händen anderer Menschen, die von dir einen Gegenwert dafür erwarten.

Und du kannst nur bekommen, was dir zusteht, indem du dem anderen dafür gibst, was ihm zusteht.

Dein Portemonnaie wird nicht in eine Wunderbörse verwandelt, die immer voll mit Geld ist, ohne dass du etwas dafür tun musst.

Dies ist der entscheidende Punkt bei der Wissenschaft vom Reichwerden, der Punkt, an dem Denken und persönliches Handeln vereint werden müssen. Es gibt sehr viele Menschen, die - bewusst oder unbewusst - die schöpferischen Kräfte durch die Intensität und Beharrlichkeit ihrer Wünsche in Bewegung setzen, aber trotzdem arm bleiben, weil sie sich nicht darauf vorbereiten, die Dinge, die sie sich wünschen, in Empfang zu nehmen, wenn sie zu ihnen kommen.

Durch Denken wird, was du dir wünscht, auf den Weg zu dir gebracht; durch Handeln nimmst du es in Empfang.

Wie auch immer dein Handeln aussehen mag, ist es naheliegend, dass du **jetzt** handeln musst. Du kannst nicht in der Vergangenheit handeln, und deshalb ist es von grundlegender Bedeutung für die Klarheit deines geistigen Bildes, dass du die Vergangenheit aus deinem Bewusstsein verbannst. Du kannst auch nicht in der Zukunft handeln, weil die Zukunft noch nicht da ist. Und du kannst nicht wissen, wie du in einer unvorhersehbaren Situation in der Zukunft handeln wirst, solange die Situation nicht eingetreten ist.

Nur weil du zur Zeit nicht im richtigen Geschäft oder in der geeigneten Umgebung bist, glaube nicht, dass du dein Handeln aufschieben musst, bist du im richtigen Geschäft oder in der geeigneten Umgebung bist. Und vergeude keine Zeit in der Gegenwart damit, dir Gedanken über die beste Vorgehensweise in einer möglichen Notlage in der Zukunft zu machen. Vertraue auf deine Fähigkeit, mit jeder kritischen Situation, die dir begegnet, zurechtzukommen.

Wenn du in der Gegenwart handelst, in Gedanken aber in der Zukunft weilst, handelst du im Jetzt mit geteilter Aufmerksamkeit, und dein Tun wird wirkungslos bleiben.

Widme deine gesamte Aufmerksamkeit deinem gegenwärtigen Handeln.

Sende nicht deinen schöpferischen Impuls an die Ursubstanz, um dich dann hinzusetzen und auf Ergebnisse zu warten. Denn wenn du das tust, wirst du sie nie bekommen. Handle jetzt. Es gibt nie eine andere Zeit als jetzt und es wird nie eine andere Zeit als jetzt geben. Wenn du je beginnen willst, dich auf den Empfang dessen vorzubereiten, was du dir wünscht, musst du jetzt damit anfangen.

Und dein Handeln, worin auch immer es besteht, muss sehr wahrscheinlich in deinem gegenwärtigen Geschäft oder Job stattfinden und sich auf Personen und Dinge in deinem momentanen Umfeld beziehen.

Du kannst nicht handeln, wo du nicht bist; du kannst nicht handeln, wo du einmal gewesen bist und du kannst auch nicht handeln, wo du irgendwann einmal sein wirst. Handeln kannst du nur da, wo du bist.

Mach dir keine Gedanken, ob du deine Arbeit gestern gut oder schlecht getan hast. Erledige deine Arbeit heute gut.

Versuche nicht, jetzt die Arbeit von morgen zu tun; du wirst genug Zeit dafür haben, wenn der Zeitpunkt gekommen ist.

Versuche nicht, mit okkulten oder mystischen Mitteln auf Menschen oder Dinge einzuwirken, die außerhalb deiner direkten Reichweite sind.

Warte nicht auf eine Veränderung in deinem Umfeld, bevor du handelst; verändere dein Umfeld durch dein Handeln.

Du kannst so auf dein momentanes Umfeld einwirken, dass du durch dein Handeln in ein besseres Umfeld versetzt wirst.

Halte dein Bild von dir selbst in einem besseren Umfeld vertrauensvoll und mit fester Absicht im Geiste fest, aber handle in deinem momentanen Umfeld mit ganzem Herzen, all deiner Kraft und konzentriertem Geist.

Verschwende deine Zeit nicht mit Tagträumereien oder dem Erbauen von Luftschlössern. Halte an deinem Bild von dem fest, was du dir wünscht, und handle **jetzt**.

Suche nicht nach etwas Neuem, das du tun kannst, oder nach extravaganten, ungewöhnlichen oder bemerkenswerten Aktionen, die du als ersten Schritt in Richtung Reichtum durchführen kannst. Es ist wahrscheinlich, dass deine Aktionen, zumindest in der nächsten Zeit, dieselben sein werden, wie bereits in der Vergangenheit. Doch nun beginnst du damit, deine Aktionen auf die *bestimmte Weise* durchzuführen, die dich zuverlässig reich macht.

Wenn du in einem Geschäftsfeld tätig bist und das Gefühl hast, es wäre nicht das richtige für dich, warte nicht ab, bis du im richtigen Geschäft bist, bevor du zu handeln beginnst.

Fühle dich nicht entmutigt und setz dich auch nicht hin und jammere, weil du dir fehl am Platz vorkommst. Kein Mensch war je so deplatziert, dass er nicht den richtigen Platz für sich hätte finden können. Und kein Mensch war je so in das falsche Geschäft involviert, dass er nicht ins richtige hätte wechseln können.

Halte im Geiste das Bild von dir im richtigen Geschäftsfeld aufrecht mit der Absicht, dorthin zu wechseln, und im festen Glauben, dass dir der Wechsel gelingt und du im richtigen Geschäft Fuß fasst. Aber **handle** in deinem momentanen Geschäft. Nutze deine aktuelle geschäftliche Tätigkeit als Sprungbrett, um in eine bessere einzusteigen, und nutze dein derzeitiges Umfeld, um in ein besseres zu wechseln. Deine Vision vom richtigen Geschäft wird, wenn du sie vertrauensvoll und mit festem Vorsatz aufrechterhältst, das Absolute dazu bringen, das richtige Geschäft in deine Richtung zu bewegen. Und dein Handeln wird, wenn es auf *die bestimmte Weise* erfolgt, dich dazu veranlassen, dich auf dieses Geschäft zuzubewegen.

Wenn du ein Angestellter oder Lohnempfänger bist und das Gefühl hast, du müsstest die Stelle wechseln, um das zu bekommen, was du dir wünscht, „projiziere" nicht einfach deine Gedankenbilder in den freien Raum, in der Erwartung, du würdest auf diese Weise einen neuen Job bekommen. Es wird wahrscheinlich nichts daraus werden.

Halte dir das Bild von dir in dem Job, den du dir wünscht, stets vor Augen, während du vertrauensvoll und mit festem Vorsatz in dem Job, den du momentan hast, arbeitest, und du wirst den Job, den du dir wünscht, sicher bekommen.

Deine Vision und dein Glauben werden die schöpferischen Kräfte dazu aktivieren, den Job in deine Richtung zu bringen, und dein Handeln wird die Kräfte in deinem Umfeld veranlassen, dich auf die gewünschte Stelle zuzubewegen.

Zum Abschluss dieses Kapitels fügen wir unserem Lehrplan eine weitere Aussage hinzu:

- *Es gibt einen denkenden Stoff, aus dem alle Dinge gemacht sind, und der in seinem ursprünglichen Zustand alle Zwischenräume im Universum durchdringt und erfüllt.*

- Eine gedankliche Vorstellung, in diese Substanz eingebracht, erschafft das erdachte Objekt.

- Der Mensch kann also in Gedanken Dinge formen und gestalten und, indem er sie der Formlosen Substanz einprägt, deren Erschaffung bewirken.

- *Um dies zu bewirken, muss der Mensch von einer konkurrenzbetonten zu einer schöpferischen Geisteshaltung überwechseln. Er muss ein klares mentales Bild der Dinge schaffen, die er sich wünscht, und dieses Bild in seiner geistigen Vorstellung festhalten mit der festen **Absicht**, zu bekommen, was er sich wünscht, und im unerschütterlichen **Glauben** daran, dass er bekommen wird, was er haben will, wobei er seinen Geist gegen alles abschirmt, was geeignet ist, seine Absicht zu erschüttern, seine Vision zu trüben oder seinen Glauben zu schwächen.*

- Damit der Mensch, was er sich wünscht, empfangen kann, wenn es kommt, muss er mit Menschen und Dingen **jetzt** in seinem gegenwärtigen Umfeld agieren.

12. Effizientes Handeln

Du musst deine Gedanken, wie in den vorangegangenen Kapiteln beschrieben, nutzen, und da, wo du dich gerade befindest, damit beginnen zu tun, was du tun kannst. Und du musst **alles** tun, was du, wo auch immer du bist, tun kannst.

Du kannst nur vorankommen, wenn du größer bist, als der Platz, an dem du dich momentan befindest. Und kein Mensch kann größer sein, als sein gegenwärtiger Platz, der einen Teil der Arbeit unerledigt lässt, die diesen Platz betrifft.

Die Welt hat sich nur durch Menschen weiterentwickelt, die mehr als ihren gegenwärtigen Platz ausfüllen.

Würde kein Mensch seinen Platz richtig ausfüllen, dann müsste es, das ist offensichtlich, in allem eine Rückentwicklung geben. Menschen, die ihren gegenwärtigen Platz nicht ausfüllen, sind für die Gesellschaft, die Regierung, den Handel und die Industrie Ballast. Sie müssen von anderen mit großem Aufwand mitgetragen werden. Die Entwicklung der Welt wird nur von jenen gebremst, die den Platz, den sie innehaben, nicht ausfüllen. Sie gehören zu einer früheren Zeit und einer niedrigeren Stufe oder Ebene des Lebens und sie tendieren zu einer Rückentwicklung. Keine Gesellschaft könnte voranschreiten, wenn jeder Mensch kleiner als sein Platz wäre. Die gesellschaftliche Evolution wird von den Gesetzen der physischen und geistigen Evolution bestimmt. In der Tierwelt wird die Evolution durch ein Übermaß an Leben bewirkt.

Wenn ein Organismus über mehr Leben verfügt, als auf seiner eigenen Ebene Ausdruck finden kann, entwickelt er Organe einer höheren Ebene und begründet damit die Entstehung einer neuen Spezies.

Es wären niemals neue Spezies entstanden, hätte es nicht Organismen gegeben, die ihren Platz mehr als ausgefüllt haben. Das Prinzip gilt für dich genauso. Dein Reichwerden hängt von der Anwendung dieses Prinzips in deinen eigenen Angelegenheiten ab.

Jeder Tag ist entweder ein erfolgreicher oder ein erfolgloser, und es sind die erfolgreichen Tage, die dir bringen, was du dir wünscht. Wenn jeder Tag ein Misserfolg ist, kannst du nie reich werden, wenn aber jeder Tag ein Erfolg ist, kannst du auf deinem Weg zum Reichtum nicht scheitern.

Wenn es etwas gibt, das heute getan werden kann, und du es nicht tust, dann hast du, soweit es diese Sache betrifft, versagt. Und die Folgen können katastrophaler sein, als du dir das vorstellst.

Du kannst die Folgen selbst der belanglosesten Handlung nicht vorhersehen. Du weißt nicht, wie all die Kräfte zusammenwirken, die durch dein Handeln in Bewegung gesetzt wurden. Selbst von einer kleinen Handlung deinerseits kann vieles abhängen. Sie kann genau das sein, was dir die Tür zu großartigen Möglichkeiten öffnet. Du kannst nie alle Verknüpfungen kennen, die die Höchste Intelligenz in der Welt der Dinge und in menschlichen Angelegenheiten für dich anlegt. Deine Vernachlässigung oder Nichterledigung kleiner Dinge kann Ursache dafür sein, dass sich die Erfüllung deiner Wünsche lange verzögert.

Tu jeden Tag **alles**, was an diesem Tag getan werden kann.

Es gibt allerdings eine Einschränkung des oben Gesagten, die du in Betracht ziehen musst.

Du solltest dich weder überarbeiten, noch dich blindwütig in dein Geschäft stürzen in dem Versuch, möglichst viele Dinge in möglichst kurzer Zeit zu tun.

Du solltest nicht versuchen, die Arbeit von morgen heute zu erledigen, oder die Arbeit einer ganzen Woche an einem einzigen Tag.

Es ist nicht die Anzahl der Dinge, die du tust, sondern die **Effizienz** jeder einzelnen Handlung, die zählt.

Jede Handlung ist an sich ein Erfolg oder ein Misserfolg.

Jede Handlung ist an sich entweder effizient oder ineffizient.

Jede ineffiziente Handlung ist ein Misserfolg, und wenn du dein Leben damit zubringst, ineffizient zu handeln, wird es insgesamt zum Misserfolg.

Je mehr Dinge du tust, desto schlimmer für dich, wenn all deine Handlungen ineffizient sind.

Auf der anderen Seite ist jede effiziente Handlung ein Erfolg für sich, und wenn jede Handlung in deinem Leben effizient ist, **muss** dein gesamtes Leben ein Erfolg sein.

Die Ursache von Misserfolg ist, zu vieles auf ineffiziente Weise zu tun und nicht oft genug effizient zu handeln.

Du wirst feststellen, dass sich diese Aussage selbst beweist: Wenn du nie ineffizient handelst und oft genug effizient, dann wirst du reich. Wenn es dir also möglich ist, jede deiner Handlungen effizient auszuführen, wirst du sehen, dass Reichwerden sich auf eine exakte Wissenschaft wie Mathematik reduziert.

Das Ganze hängt also von der Frage ab, ob es dir gelingt, jede separate Handlung an sich zu einem Erfolg zu machen. Und das schaffst du sicher.

Du kannst jede Handlung zu einem Erfolg machen, weil alle Macht mit dir wirkt; und diese Allmacht kann nicht versagen.

Diese Macht steht dir zur Verfügung; und um jederzeit effizient zu handeln, brauchst du lediglich ihre Energie in deine Handlungen einfließen zu lassen.

Jede Handlung ist entweder stark oder schwach; und wenn jede deiner Handlungen stark ist, handelst du auf die *bestimmte Weise*, die dich reich machen wird.

Jede Handlung kann stark und effizient gemacht werden, indem du deine Vision vor Augen hast und die gesamte Kraft deines **Glaubens** und deiner **Absicht** einsetzt, während du sie ausführst.

Hier liegt der Knackpunkt, an dem die Menschen scheitern, die ihre geistige Kraft von ihrem persönlichen Handeln trennen. Sie setzen ihre Macht des Geistes an einem Ort zu einer Zeit ein und handeln an einem anderen Ort zu einer anderen Zeit. Dadurch sind ihre Handlungen nicht an sich erfolgreich und zu viele davon ineffizient. Doch wenn **alle** Kraft in jede Handlung einfließt, wird jede Handlung, egal wie alltäglich sie auch sein mag, an sich zu einem Erfolg. Und weil es in der Natur der Dinge liegt, dass jeder Erfolg den Weg zu weiterem Erfolg freimacht, werden sich dein Fortschritt in Richtung auf das, was du dir wünscht, und die Bewegung dessen, was du dir wünscht, in deiner Richtung beschleunigen.

Denke daran, dass sich die Ergebnisse erfolgreichen Handelns kumulieren. Weil allen Dingen der Wunsch nach mehr Leben innewohnt, zieht ein Mensch, sobald er beginnt, sich in Richtung Entfaltung des Lebens zu bewegen, mehr Dinge an, und der Einfluss seiner Wünsche vervielfacht sich.

Tu jeden Tag alles, was du an diesem Tag tun kannst, und führe jede Handlung auf effiziente Weise aus.

Wenn ich sage, dass du dir deine Vision vor Augen halten musst, während du eine Handlung, egal wie alltäglich oder belanglos sie sein mag, ausführst, meine ich damit nicht, dass es notwendig ist, die Vision zu jedem Zeitpunkt klar bis ins kleinste Detail zu sehen. Du solltest dich in deiner Freizeit damit beschäftigen, in deiner Vorstellung die Details deiner Vision auszuarbeiten, und dich in Gedanken damit zu befassen, bis sie fest in deinem Gedächtnis verankert sind. Wenn du rasche Ergebnisse erzielen willst, verbringe deine gesamte freie Zeit mit dieser mentalen Übung.

Durch fortwährende Besinnung wirst du ein Bild dessen, was du dir wünscht, das selbst die kleinsten Details enthält, deinem Geist so fest eingeprägt und so vollständig an die Formlose Substanz übermittelt haben, dass du dich während deiner Arbeitsstunden nur noch geistig auf dein Bild einzustellen brauchst, um deinen Glauben und deine Absicht zu stimulieren und dafür zu sorgen, dass du dein Bestes gibst. Halte dir dein Bild in deiner freien Zeit beständig vor Augen, bis dein Bewusstsein so erfüllt davon ist, dass du es jederzeit sofort abrufen kannst. Du wirst von seinen strahlenden Versprechungen so in Begeisterung versetzt werden, dass der bloße Gedanke daran die stärksten Energien deines gesamten Wesens aktiviert.

Lass uns unseren Lehrplan noch einmal wiederholen und ihn durch eine kleine Änderung an der abschließenden Aussage auf den Stand bringen, den wir nun erreicht haben:

- *Es gibt einen denkenden Stoff, aus dem alle Dinge gemacht sind, und der in seinem ursprünglichen Zustand alle Zwischenräume im Universum durchdringt und erfüllt.*

- Eine gedankliche Vorstellung, in diese Substanz eingebracht, erschafft das erdachte Objekt.

- Der Mensch kann also in Gedanken Dinge formen und gestalten und, indem er sie der Formlosen Substanz einprägt, deren Erschaffung bewirken.

- Um dies zu bewirken, muss der Mensch von einer konkurrenzbetonten zu einer schöpferischen Geisteshaltung überwechseln. Er muss ein klares mentales Bild der Dinge schaffen, die er sich wünscht, und mit Glaube und Absicht all das tun, was an jedem einzelnen Tag getan werden kann, wobei er jede Handlung auf effiziente Weise durchführt.

13. Ins richtige Geschäft einsteigen

Erfolg hängt in jedem beliebigen Geschäftsfeld vor allem davon ab, dass du über die Fähigkeiten in gut entwickelter Form verfügst, die in diesem Bereich benötigt werden.

Ohne gute musikalische Fähigkeiten kann keiner als Musiklehrer erfolgreich sein; ohne gut entwickelte handwerkliche Fähigkeiten kann niemand großen Erfolg in irgendeinem Beruf erzielen, in dem diese eine Rolle spielen; ohne Fingerspitzengefühl und kaufmännisches Wissen und Geschick kann niemand in Handelsunternehmen erfolgreich sein. Gut entwickelte Fähigkeiten zu besitzen, die in deinem Beruf erforderlich sind, ist jedoch alleine noch keine Garantie dafür, dass du reich wirst. Es gibt Musiker, die ein bemerkenswertes Talent besitzen, aber trotzdem arm bleiben; es gibt Schmiede, Schreiner und viele andere, die über sehr gute handwerkliche Fähigkeiten verfügen, aber nicht reich werden; und es gibt Kaufleute mit einem besonderen Geschick dafür, mit anderen Menschen Geschäfte zu machen, die trotzdem scheitern.

Diese verschiedenen Fähigkeiten sind Werkzeuge. Es ist wesentlich, gute Werkzeuge zu haben, aber es ist ebenso wichtig, sie auf die *richtige Weise* zu nutzen. Jemand kann eine scharfe Säge, ein Winkelmaß, einen guten Hobel und anderes Werkzeug zur Hand nehmen und ein hübsches Möbelstück anfertigen. Ein anderer kann dieselben Werkzeuge benutzen, um einen Nachbau des Möbelstücks herzustellen, doch es gelingt ihm nur Murks, weil er nicht weiß, wie man gutes Werkzeug auf erfolgreiche Weise einsetzt.

Die unterschiedlichen Fähigkeiten deines Geistes sind die Werkzeuge, mit denen du die Arbeit tun musst, die dich reich macht. Erfolgreich zu sein ist einfacher für dich, wenn du in ein Geschäftsfeld einsteigst, für das du mit mentalen Werkzeugen gut ausgestattet bist.

Allgemein gesagt wirst du in dem Beruf die beste Leistung bringen, in dem deine stärksten Fähigkeiten gefordert sind; in dem Beruf, für den du „wie gemacht" bist. Allerdings gibt es für diese Aussage auch Einschränkungen. Niemand sollte seinen Beruf durch die Anlagen, mit denen er geboren wurde, als unwiderruflich festgelegt betrachten.

Du kannst in **jedem** Geschäftsfeld reich werden, weil du das nötige Talent, wenn du es nicht besitzt, auch entwickeln kannst. Das bedeutet lediglich, dass du deine Werkzeuge unterwegs anfertigst, statt dich auf die zu beschränken, mit denen du geboren wurdest. Es wird dir **leichter** fallen, Erfolge in einem Bereich zu erzielen, für den du bereits gut entwickelte Talente besitzt, aber du **kannst** in jedem Beruf erfolgreich sein, weil du jedes auch nur in Ansätzen vorhandene Talent weiterentwickeln kannst. Und es gibt kein Talent, das du nicht wenigsten ansatzweise besitzt.

Du wirst, was Mühe und Aufwand betrifft, am einfachsten reich, wenn du tust, wofür du dich am besten eignest. Aber mit der höchsten Zufriedenheit wirst du reich, wenn du das tust, was du tun **willst**.

Tun, was du tun willst, das ist Leben. Deshalb gibt es keine echte Zufriedenheit im Leben, wenn wir gezwungen sind, ständig etwas zu tun, das wir nicht tun wollen, und nie tun können, was wir tun wollen. Und es ist sicher, dass du tun kannst, was du tun willst. Der *Wunsch* es zu tun, ist der Beweis dafür, dass du die Kraft in dir hast, die es tun *kann*.

Der Wunsch ist eine Manifestation dieser Kraft.

Der Wunsch, Musik zu spielen, ist die Kraft, die Musik spielen kann, auf der Suche nach Ausdruck und Entwicklung. Der Wunsch, mechanische Geräte zu erfinden, ist das handwerkliche Talent, das nach Ausdruck und Entwicklung sucht.

Wo keine Kraft - entwickelt oder unentwickelt – vorhanden ist, etwas Bestimmtes zu tun, wird der Wunsch, es zu tun, nie aufkommen. Doch wenn es den starken Wunsch gibt, etwas zu tun, ist das der sichere Beweis dafür, dass auch die Kraft, es zu tun, stark ist und lediglich entwickelt und auf *richtige Weise* eingesetzt zu werden braucht.

Unter ansonsten gleichen Bedingungen ist es das Beste, das Geschäftsfeld zu wählen, für das du das höchstentwickelte Talent besitzt. Wenn du jedoch den starken Wunsch hast, dich in einem bestimmten Bereich zu engagieren, solltest du dir als festes Ziel vornehmen, die entsprechende berufliche Position zu erreichen.

Du kannst tun, was du tun willst, und es ist dein Recht und Privileg, den Beruf anzustreben, der am besten zu dir passt und in dem du dich wohlfühlst.

Du bist nicht verpflichtet zu tun, was du nicht tun willst, und solltest es auch nicht tun, es sei denn als Mittel, das dich deinem Ziel näherbringt, tun zu können, was du tun willst.

Wenn es Fehler in der Vergangenheit gab, deren Folgen dich in eine unerwünschte berufliche Situation oder Umgebung gebracht haben, bist du vielleicht gezwungen, eine Zeitlang etwas zu tun, was du nicht tun willst. Aber du kannst dir die unerfreuliche Tätigkeit angenehmer gestalten, indem du dir klarmachst, dass sie es dir möglich macht, dahin zu kommen, wo du tun kannst, was du tun willst.

Wenn du das Gefühl hast, dass dein Beruf oder deine Position nicht das Richtige für dich ist, solltest du es nicht zu eilig damit haben, einen anderen Job zu finden. Im Allgemeinen ist es am besten, den Beruf oder das Umfeld durch Wachstum zu wechseln.

Hab keine Angst davor, eine rasche und radikale Änderung vorzunehmen, wenn sich eine Gelegenheit bietet, und du nach reichlicher Überlegung das sichere Gefühl hast, dass sie passt. Aber lass dich nicht zu plötzlichen radikalen Aktionen hinreißen, wenn du dir nicht sicher bist, dass dein Handeln klug ist.

Auf der schöpferischen Ebene gibt es niemals Grund zur Eile und keinen Mangel an Gelegenheiten.

Wenn du die konkurrenzbetonte Denkweise verlässt, wirst du verstehen, dass du niemals überstürzt zu handeln brauchst. Niemand wird dir die Möglichkeit wegschnappen, das zu tun, was du tun willst; es ist genug für alle da. Wenn eine Stelle besetzt ist, wird es nicht lange dauern, bis sich eine bessere auftut.

Du hast reichlich Zeit. Wenn du Zweifel hast, warte. Kehre zur Betrachtung deiner Vision zurück und stärke deinen Glauben und deine Absicht. Und pflege in Zeiten des Zweifels und der Unentschlossenheit auf alle Fälle Dankbarkeit.

Ein, zwei Tage der Versenkung in die Vision dessen, was du dir wünscht, und aufrichtiger Dankbarkeit dafür, dass du es bekommen wirst, bringt deinen Geist in eine so enge Beziehung zum Allerhöchsten, dass du keinen Fehler machen wirst, wenn du handelst.

Es gibt einen Geist, der alles weiß, was es zu wissen gibt, und du kannst mit diesem Geist durch deinen Glauben und deine Absicht, im Leben voranzukommen, in enge Verbindung treten, wenn du tiefe Dankbarkeit empfindest.

Fehler entstehen durch hastiges Handeln, durch Agieren in Angst oder Zweifel, oder durch außer Acht lassen des *richtigen Motivs*, das mehr Leben für alle und weniger für niemanden lautet.

Je öfter und überzeugter du auf die *bestimmte Weise* handelst, desto mehr Gelegenheiten werden sich für dich ergeben. Und du wirst in deinem Glauben und deiner Absicht sehr standhaft und – durch respektvolle Dankbarkeit - in enger Verbindung mit dem Universalgeist bleiben müssen.

Tu Tag für Tag alles, was du tun kannst, auf perfekte Weise, aber handle ohne Hast, Sorge oder Angst. Entwickle dich so schnell du kannst, aber ohne Eile.

Denk immer daran: Sobald du in Hast gerätst, hörst du auf Schöpfer zu sein und wirst wieder zum Wettkämpfer. Du fällst auf deine alte Ebene zurück.

Wenn immer du feststellst, dass du in Hast verfällst, halte inne. Richte deine Aufmerksamkeit auf das mentale Bild dessen, was du dir wünscht, und beginne, dich dafür zu bedanken, dass du es bekommst. Ständige **Dankbarkeit** wird nie darin versagen, deinen Glauben zu stärken und deine Absicht zu erneuern.

14. Der Eindruck von Wachstum

Ob du deinen Beruf wechselst oder nicht, dein Handeln in der Gegenwart muss sich auf den Job beziehen, den du momentan ausübst.

Du kannst in das Geschäftsfeld gelangen, in das du willst, indem du den Job, in dem du bereits Fuß gefasst hast, konstruktiv nutzt und deine tägliche Arbeit auf *bestimmte Weise* erledigst.

Und wenn es zu deinem Job gehört, mit anderen Menschen umzugehen und zu verhandeln, entweder persönlich oder schriftlich, muss der Schlüsselgedanke all deiner Bemühungen sein, ihrem Geist den Eindruck von Wachstum zu vermitteln.

Wachstum ist das, wonach alle Männer und Frauen suchen. Es ist das Drängen der Formlosen Intelligenz in ihnen, die nach vollerem Ausdruck strebt.

Das Streben nach Entfaltung wohnt allem in der Natur inne; es ist der grundlegende Antrieb des Universums. Alle menschlichen Aktivitäten basieren auf dem Wunsch nach Wachstum und Entfaltung; Menschen suchen und streben nach mehr Nahrung, mehr Kleidung, besseren Wohnverhältnissen, mehr Luxus, größerer Schönheit, mehr Wissen, gesteigertem Vergnügen – nach Entfaltung von Etwas, nach mehr Leben.

Für jedes lebende Wesen ist ständiger Fortschritt notwendig, denn wenn das Wachstum des Lebens nachlässt und erlöscht, setzen unmittelbar Auflösung und Sterben ein.

Der Mensch weiß das instinktiv und strebt deshalb unablässig nach mehr.

Dieses Gesetz des steten Wachstums wurde von Jesus im Gleichnis von den Talenten thematisiert. Nur wer nach mehr strebt, wird etwas behalten: „Wer aber nicht hat, dem wird auch, was er hat, genommen werden."[16]

Der normale Wunsch nach höherem Wohlstand ist nichts Schlechtes oder Verwerfliches. Es ist einfach der Wunsch nach einem Leben in Fülle; es ist Ambition.

Und weil es der tiefste Instinkt ihrer Natur ist, werden Männer und Frauen von dem angezogen, der ihnen mehr Möglichkeiten zur Entfaltung des Lebens gibt.

Indem du, wie auf den vorangegangenen Seiten beschrieben, auf die *bestimmte Weise* denkst und handelst, erfährst du beständiges Wachstum für dich, und gibst es an alle weiter, mit denen du zu tun hast.

Du bist ein schöpferisches Zentrum, das Wachstum und Entfaltung ausstrahlt und an alle weitergibt.

Sei dir dessen gewiss und vermittle deine Überzeugung, dass diese Aussage Tatsache ist, jedem Mann, jeder Frau und jedem Kind, mit denen du in Kontakt kommst. Verbinde jede geschäftliche Transaktion, gleichgültig wie klein sie ist und selbst wenn sie nur darin besteht, dass du einem kleinen Kind einen Lolli verkaufst, mit dem Gedanken an Wachstum, und stelle sicher, dass sich dieser Gedanke dem Kunden einprägt.

Vermittle den Eindruck von Fortschritt und Entfaltung bei allem, was du tust, sodass dich die Leute als einen Menschen sehen, der vorankommt, und dass du alle voranbringst, die mit dir zu tun haben. Gib die Vorstellung von Wachstum selbst an die Menschen weiter, mit denen du nur gesellschaftlich, ohne einen Gedanken an Geschäfte verkehrst, und denen du nichts zu verkaufen versuchst.

---

16 Matthäus 25,29 – Luther-Bibel 1912; die Aussage findet sich sinngemäß mehrfach in der Bibel.

Du kannst diesen Eindruck dadurch vermitteln, dass du unerschütterlich daran glaubst, dich selbst auf dem Weg des Wachstums zu befinden, und diesen Glauben jede deiner Handlungen inspirieren, erfüllen und durchdringen lässt.

Tu alles, was du unternimmst, in der festen Überzeugung, eine Person zu sein, die wächst und das Wachstum aller fördert.

Fühle, dass du reich wirst, und dadurch andere reich machst und allen Vorteile bringst.

Gib nicht mit deinem Erfolg an und rede nicht unnötig darüber. Wahrer Glaube ist nie prahlerisch.

Wo immer du auf eine prahlerische Person triffst, hast du einen Menschen vor dir, der insgeheim zweifelt und von Angst erfüllt ist. Spüre einfach nur deinen Glauben und lass ihn in jede deiner Handlungen einfließen. Lass alles was du tust, deinen Tonfall und deinen Blick die unausgesprochene Gewissheit ausstrahlen, dass du dabei bist, reich zu werden; dass du bereits reich bist. Worte sind nicht nötig, anderen dieses Gefühl zu vermitteln. Sie spüren in deiner Gegenwart das Flair von Wachstum und Entfaltung und werden von dir angezogen.

Du musst andere so beeindrucken, dass sie spüren, wie sie selbst wachsen und sich entfalten, wenn sie mit dir Umgang haben. Achte darauf, dass der Wert des Nutzens, den du ihnen gibst, größer als der Wert des Geldes ist, das du von ihnen annimmst.

Sei aufrichtig stolz darauf, so zu handeln, und lass das jedermann wissen. Dann wirst du keinen Mangel an Kunden haben. Menschen gehen da hin, wo man ihnen Zuwachs gibt; und das Allerhöchste, das sich Wachstum in allen und allem wünscht und das alles weiß, wird Männer und Frauen zu dir dirigieren, die nie zuvor von dir gehört haben. Dein Geschäft wird rasch wachsen, und du wirst überrascht sein über die unerwarteten Vorteile, die sich für dich ergeben. Du wirst in der Lage sein, mit jedem Tag größere Geschäfte zu machen, dir größere Vorteile zu sichern, und in einen besser passenden Job zu wechseln, wenn du das möchtest.

Doch während du all dies tust, darfst du nie die Vision dessen aus den Augen verlieren, was du anstrebst, oder deinen Glauben daran und deinen festen Vorsatz, zu bekommen, was du dir wünscht.

Lass mich dich hier noch einmal warnen, was deine Motive betrifft:

Hüte dich vor der tückischen Versuchung, nach Macht über andere Menschen zu streben!

Nichts ist verlockender für einen ungeformten oder nur teilweise entwickelten Geist, als Macht auszuüben oder andere zu beherrschen. *Der Wunsch zu herrschen, um sich selbstsüchtig zu bereichern, ist lange schon der Fluch der Welt.* Über unzählige Zeitalter hinweg haben Könige und Adelige in ihren Schlachten zur Ausdehnung ihrer Herrschaftsgebiete die Erde mit Blut getränkt, und dies nicht, um das Leben aller zu bereichern, sondern um mehr Macht für sich selbst zu erringen.

Heute ist das Hauptmotiv in der Geschäftswelt und der Industrie dasselbe. Menschen setzen ihre Dollar wie Armeen ein und zerstören das Leben und die Herzen von Millionen im selben irrwitzigen Kampf um Macht über andere. Die Könige der Wirtschaft werden wie die Könige der Politik von derselben Herrschsucht getrieben.

Jesus sah in diesem Wunsch nach Macht den beherrschenden Impuls des Übels in der Welt, den er entmachten wollte. Lies das dreiundzwanzigste Kapitel des Matthäusevangeliums, um zu sehen, wie er die Versessenheit der Pharisäer darauf, „Meister" genannt zu werden, hohe Positionen einzunehmen, andere zu beherrschen, und den Benachteiligten Bürden aufzuerlegen, beschreibt. Und achte darauf, wie er diese Herrschsucht mit der brüderlichen Haltung, dem Gemeinwohl zu dienen, vergleicht, zu der er seine Jünger aufruft.

Hüte dich vor der Versuchung, danach zu streben, eine Autorität, ein „Meister" zu werden und als jemand zu gelten, der über der gewöhnlichen Herde steht, indem du andere durch Prunk und Protzerei zu beeindrucken suchst und Ähnliches mehr.

Ein Geist, der nach Herrschaft über andere strebt, ist auf Wettbewerb und Konkurrenz ausgerichtet, und ein so gestimmter Geist ist kein schöpferischer. Um deine Lebensumstände und dein Schicksal zu meistern, ist es in keiner Weise notwendig, deine Mitmenschen zu beherrschen. Vielmehr beginnst du, von deinem Schicksal und deinen Lebensumständen beherrscht zu werden, wenn du dich auf den in unserer Welt verbreiteten Kampf um höhere Positionen einlässt, und wirst auf deinem Weg zu Reichtum von Zufall und Spekulation abhängig.

Hüte dich vor dem Geist, der auf Wettbewerb und Konkurrenz ausgerichtet ist! Besser als in der berühmten „Goldenen Regel" des verstorbenen **Jones von Toledo** kann das Prinzip schöpferischen Handelns nicht formuliert werden:

„Was ich für mich selbst will, möchte ich auch für jeden anderen."

15. Der aufstrebende Mensch

Was ich im letzten Kapitel gesagt habe, gilt für Selbständige und Lohnempfänger ebenso wie für Geschäftsleute.

Ganz gleich ob du Arzt, Lehrer oder Geistlicher bist, wenn du anderen bei der Entfaltung ihres Lebens Unterstützung geben und sie dafür sensibel machen kannst, werden sie von dir angezogen, und du wirst reich werden. Der Arzt, der das Bild von sich selbst als großartiger und erfolgreicher Heiler stets vor Augen hat und der auf die vollständige Verwirklichung dieser Vision, wie in vorangegangenen Kapiteln beschrieben, mit Glaube und Absicht hinarbeitet, wird eine so enge Beziehung zur Quelle des Lebens entwickeln, dass er außergewöhnlich erfolgreich sein wird, und die Patienten in Scharen zu ihm kommen werden.

Für niemanden ist die Gelegenheit günstiger, die Lehren dieses Buches in die Praxis umzusetzen, als für Ärzte und Heilpraktiker. Dabei spielt es keine Rolle, welcher der verschiedenen Schulen der Einzelne angehört, weil ihnen allen das Prinzip des Heilens gemeinsam ist, und weil das Ziel zu heilen, von allen erreicht werden kann. Der aufstrebende Mensch im Bereich der Medizin, der stets ein klares geistiges Bild von sich selbst als erfolgreich vor Augen hat und sich an die Regeln des Glaubens, der Absicht und der Dankbarkeit hält, wird jeden heilbaren Fall heilen, den er annimmt, egal welche Heilmittel oder Praktiken er dazu einsetzt.

Im Bereich der Religion verlangt die Welt nach einem Geistlichen, der seinen Zuhörern die wahre Wissenschaft vom Leben in Fülle vermitteln kann. Wer die Details der *Wissenschaft vom Reichwerden* und den damit verbundenen wissenschaftlichen Wegen zu Wohlbefinden, menschlicher Größe und wahrer Liebe beherrscht und dieses Wissen von der Kanzel predigt, wird nie vergeblich nach einer Gemeinde suchen. Dies sind die Glaubenssätze, die die Welt braucht. Sie fördern die Entfaltung des Lebens. Viele Menschen werden sie gerne hören, und denjenigen, der sie ihnen vermittelt, großzügig unterstützen.

Was jetzt vonnöten ist, sind praktische Demonstrationen der Wissenschaft vom Leben von der Kanzel herab. Wir wünschen uns Prediger, die uns das Wie nicht nur erklären, sondern es uns durch ihr eigenes Handeln auch zeigen. Wir brauchen den Prediger, der selbst wohlhabend, gesund und großartig ist und geliebt wird, um uns zu zeigen, wie man all dies erreicht. Und wenn er kommt, wird er eine zahlreiche und loyale Anhängerschaft finden.

Dasselbe gilt auch für den Lehrer, der Kinder mit dem Glauben und der Absicht des aufstrebenden Lebens inspirieren kann. Er wird nie ohne Job sein. Und jeder Lehrer, der diesen Glauben und diese Zielstrebigkeit besitzt, kann beides an seine Schüler weitergeben. Er kann gar nicht anders, als sie ihnen zu vermitteln, wenn beide Teil seines eigenen Lebens und Handelns sind.

Was auf den Lehrer, den Prediger und den Arzt zutrifft, gilt auch für den Anwalt, den Zahnarzt, den Immobilienmakler, den Versicherungsvertreter – für jedermann.

Die Kombination aus geistiger Vorstellung und praktischem Handeln, die ich beschrieben habe, ist unfehlbar; sie kann nicht versagen. Jeder Mensch, der diesen Anweisungen stetig, beharrlich und wortgetreu folgt, wird reich werden. Das Gesetz der Entfaltung des Lebens funktioniert mit derselben mathematischen Genauigkeit, wie das Gesetz der Schwerkraft. Reichwerden ist eine exakte Wissenschaft.

Der Lohnempfänger wird feststellen, dass die Wissenschaft vom Reichwerden für ihn genauso zutrifft, wie für all die anderen erwähnten Berufsfelder. Du brauchst nicht das Gefühl zu haben, dass du keine Chance hättest, reich zu werden, weil du in einem Bereich arbeitest, in dem es keine sichtbaren Gelegenheiten für ein

Weiterkommen gibt, und in dem die Löhne und Gehälter niedrig, die Lebenshaltungskosten aber hoch sind. Schaffe dir ein klares geistiges Bild von dem, was du dir wünscht, und fange damit an, in festem Glauben und mit Absicht zu handeln.

Tue jeden Tag alle Arbeit, die du schaffst, und erledige jede Aufgabe auf perfekte, erfolgreiche Weise. Lege die Kraft zum Erfolg und die feste Absicht, reich zu werden, in alles, was du tust.

Tu das alles aber nicht aus bloßer Berechnung in der Absicht, dich damit bei deinem Chef einzuschmeicheln in der Hoffnung, dass er oder einer seiner Vorgesetzten deine gute Arbeit sieht und dich befördert. Es ist nicht wahrscheinlich, dass sie das tun werden.

Jemand, der einfach nur ein „guter" Arbeiter ist, seine Position nach bestem Vermögen ausfüllt und damit zufrieden ist, ist für seinen Arbeitgeber von großem Wert. Und weil er da, wo er steht, am wertvollsten ist, liegt es nicht im Interesse des Arbeitgebers, ihn zu befördern.

Um deinen Aufstieg sicherzustellen, ist mehr nötig, als dass du lediglich zu groß für deine Position bist.

Mit Sicherheit steigt derjenige auf, der

- zu groß für seine Position geworden ist,
- ein klares Konzept davon hat, was er werden will,
- überzeugt ist, dass er werden kann, was er sein will, und
- fest entschlossen ist, zu **sein**, was er sein will.

Versuche nicht, deine momentane Position mehr als auszufüllen, um deinem Chef gefällig zu sein, sondern mit dem Ziel, dich selbst voranzubringen. Richte dich jederzeit an **deinem** Glauben und **deinem** Vorsatz zu wachsen aus - während der Arbeitszeit, nach der Arbeit und vor Arbeitsbeginn. Halte in einer Weise an beidem fest, sodass jeder Mensch, mit dem du in Kontakt kommst - sei es dein Chef, ein Kollege oder ein Bekannter -, die Energie der festen

Absicht spürt, die du ausstrahlst, und von dir das Gefühl von Wachstum und Entfaltung übernimmt. Menschen werden sich zu dir hingezogen fühlen, und wenn es in deinem momentanen Job keine Aufstiegsmöglichkeiten gibt, wird sich schon bald eine Gelegenheit für einen anderen Job für dich auftun.

Es gibt eine Macht, die nie darin versagt, einem aufstrebendem Menschen, der sich an das Gesetz hält und danach handelt, Gelegenheiten zu bieten.

Gott kann nicht anders, als dir zu helfen, wenn du auf die *bestimmte Weise* handelst. Er muss es tun, um sich selbst zu helfen.

Es gibt nichts in deinen Lebensumständen oder der allgemeinen wirtschaftlichen Situation, das dich niederhalten kann. Wenn du als Arbeiter in der Stahlindustrie nicht reich werden kannst, kannst du auf einer Vier-Hektar-Farm reich werden. Und wenn du damit anfängst, dich auf die *bestimmte Weise* zu bewegen, wirst du den „Klauen" der Stahlindustrie sicher entkommen und es auf die Farm schaffen oder dorthin, wo auch immer du sein willst.

Würden sich einige Tausend ihrer Angestellten darauf einlassen, auf die *bestimmte Weise* zu handeln, würde das Stahlkartell bald in einer ernsten Zwangslage stecken. Es wäre gezwungen, seinen Arbeitern und Angestellten mehr Gelegenheiten zu bieten oder müsste sein Geschäft aufgeben. Niemand muss für ein Kartell arbeiten. Die Kartelle können Menschen nur solange in so genannten hoffnungslosen Verhältnissen halten, wie es Menschen gibt, die zu ungebildet sind, um die Wissenschaft vom Reichwerden zu kennen, oder geistig zu träge, um sie zu praktizieren.

Beginne damit, auf diese Weise zu denken und zu handeln, und dein Glaube und deine Absicht werden dich dazu befähigen, jede Gelegenheit zu einer Verbesserung deiner Lebensumstände zu erkennen.

Solche Gelegenheiten werden sich rasch ergeben, weil das Allerhöchste, das in Allem wirkt und für dich arbeitet, sie zu dir bringen wird.

Warte nicht auf die eine Gelegenheit, die dir gleich alles ermöglicht, was du sein willst. Wenn sich dir eine Gelegenheit bietet, mehr zu sein, als du jetzt bist, und du dich von ihr angezogen fühlst, ergreife sie. Das ist der erste Schritt zu einer besseren Gelegenheit.

Für einen Menschen, der ein aufstrebendes Leben führt, herrscht in diesem Universum nie Mangel an Gelegenheiten.

Es gehört zum Wesen des Kosmos, dass alle Dinge für den aufstrebenden Menschen da sind und zu seinem Nutzen zusammenarbeiten. Und er wird sicher reich werden, wenn er auf die *bestimmte Weise* denkt und handelt. Lasst also die Lohnempfänger und Geringverdiener dieses Buch sorgfältig lesen, verstehen und damit beginnen, zuversichtlich auf die Weise zu handeln, die es beschreibt. Es wird sie nicht enttäuschen.

16. Hinweise und Schlussbemerkungen

Viele Leute werden über die Idee, dass es eine exakte Wissenschaft vom Reichwerden gibt, spotten und sich lustig machen. Weil sie die Vorstellung haben, dass die Ressourcen für Wohlstand begrenzt sind, werden sie darauf bestehen, dass erst gesellschaftliche und staatliche Einrichtungen verändert werden müssen, bevor eine nennenswerte Zahl von Menschen die nötigen Fähigkeiten erwerben kann.

Doch das stimmt nicht.

Es ist wahr, dass existierende Regierungen die Massen in Armut halten, doch das liegt daran, dass die Massen nicht auf die *bestimmte Weise* denken und handeln.

Wenn die Massen beginnen, sich vorwärtszubewegen, wie das in diesem Buch vorgeschlagen wird, können weder Regierungen noch Wirtschaftssysteme sie aufhalten. Alle Systeme müssen geändert werden, um sie der Vorwärtsbewegung anzupassen.

Wenn die Menschen über einen aufstrebenden Geist verfügen, daran glauben, dass sie reich werden können, und sich mit der festen Absicht, reich zu werden, voranbewegen, kann nichts sie weiterhin in Armut halten.

Einzelne können jederzeit und unter jeder Regierung damit beginnen, auf die *bestimmte Weise* zu denken und zu handeln, und sich damit selbst reich zu machen. Und wenn eine beträchtliche Anzahl von Individuen dies unter einer beliebigen Regierung tut, werden sie eine Änderung des System dahingehend auslösen, dass der Weg für andere freigemacht wird.

Je mehr Menschen auf der Ebene des Konkurrenzkampfes reich werden, desto schlechter ist das für die anderen; je mehr Menschen jedoch auf der schöpferischen Ebene Reichtum erwerben, desto besser für die anderen.

Die wirtschaftliche Befreiung der Massen kann nur erreicht werden, indem eine große Anzahl von Menschen dazu gebracht wird, die in diesem Buch dargelegte wissenschaftliche Methode zu praktizieren, und reich wird. Dies wird anderen Menschen den Weg weisen und sie zu dem Wunsch nach einem richtigen Leben inspirieren in dem Glauben, dass dies erreichbar ist und mit der festen Absicht, es tatsächlich zu erreichen.

Für den Augenblick genügt es jedoch zu wissen, dass weder die Regierung, unter der du lebst, noch das kapitalistische oder auf Konkurrenzkampf basierende Wirtschaftssystem dich davon abhalten können, reich zu werden. Wenn du die Ebene des schöpferischen Denkens betrittst, wirst du dich über all dies erheben und Bürger eines anderen Reiches werden.

Aber denke daran, dass dein Denken auf der schöpferischen Ebene gehalten werden muss. Du darfst dich nie auch nur für einen Augenblick dazu hinreißen lassen, zu denken, die Ressourcen wären begrenzt, oder auf der moralischen Ebene des Konkurrenzdenkens zu handeln.

Wenn immer du in alte Denkmuster verfällst, korrigiere dich sofort, denn sobald du geistig im Konkurrenzkampf steckst, hast du die Verbindung mit dem Geist des Ganzen unterbrochen.

Verschwende keine Zeit damit zu planen, wie du mit eventuellen Notfällen in der Zukunft umgehen wirst, es sei denn, die erforderlichen Strategien würden sich auf dein Handeln von heute auswirken. Du konzentrierst dich darauf, deine Arbeit heute perfekt und mit Erfolg zu erledigen, und nicht auf Notfälle, die morgen eintreten könnten. Du kannst dich darum kümmern, wenn sie auftauchen.

Belaste dich nicht mit der Frage, wie du Hindernisse aus dem Weg räumen wirst, die am Horizont deines Geschäftes auftauchen könnten, es sei denn, für dich ist klar zu erkennen, dass du deinen Kurs heute ändern musst, um sie zu meiden.

Egal, wie gewaltig ein Hindernis aus der Ferne betrachtet scheinen mag, wenn du auf die *bestimmte Weise* agierst, wirst du feststellen, dass es verschwindet, während du näher kommst, oder dass sich ein Weg darüber hinweg, hindurch oder um es herum öffnet.

Keine mögliche Verknüpfung von Umständen kann jemanden aufhalten, der auf dem Weg zu Reichtum ist und sich dabei strikt an die wissenschaftlichen Vorgaben hält. Niemand, der das Prinzip befolgt, kann auf dem Weg zu Reichtum scheitern, so wie niemand, der zwei mit zwei multipliziert, darin versagen kann, auf vier als Ergebnis zu kommen.

Sorge dich nicht wegen möglicher Katastrophen, Hindernissen, Panikstimmungen oder widriger Verkettungen von Umständen; es ist immer noch ausreichend Zeit auf solche Dinge zu reagieren, wenn sie sich dir in der unmittelbaren Gegenwart präsentieren. Und du wirst feststellen, dass jede Schwierigkeit die nötigen Mittel, sie zu überwinden, mit sich bringt.

Achte auf das, was du sagst. Sprich über dich selbst, deine Angelegenheiten oder irgend etwas anderes nie auf entmutigte oder entmutigende Weise.

Räume nie die Möglichkeit eines Scheiterns ein, und sprich nie auf eine Weise, die auf die Möglichkeit eines Misserfolges schließen lässt.

Sprich nie davon, dass die Zeiten hart seien oder die Bedingungen für Geschäfte unsicher. Die Zeiten mögen hart und die Geschäfte zweifelhaft sein für Menschen, die sich auf der Ebene des Konkurrenzkampfes bewegen, aber niemals für dich. Denn du kannst erschaffen, was du willst, und stehst über der Angst.

Wenn andere schwere Zeiten und eine schlechte Geschäftslage erleben, wirst du deine größten Gelegenheiten finden.

Übe dich darin, die Welt als etwas zu sehen, das im Werden begriffen ist und wächst, und scheinbares Übel als etwas, das noch unentwickelt ist. Sprich immer in Begriffen, die Fortschritt und Entfaltung reflektieren. Anders zu denken und zu handeln, hieße deinen Glauben zu verleugnen. Und den Glauben zu verleugnen, heißt ihn zu verlieren.

Lasse niemals zu, dich enttäuscht zu fühlen. Du erwartest vielleicht eine bestimmte Sache zu einem bestimmten Zeitpunkt zu haben und bekommst sie nicht rechtzeitig. Und du hältst das für einen Misserfolg.

Doch wenn du an deinem Glauben festhältst, wirst du feststellen, dass der Misserfolg nur scheinbar einer ist.

Mache auf die *bestimmte Weise* weiter, und wenn du das Gewünschte nicht erhältst, wirst du etwas so viel besseres bekommen, dass dir klar wird: Der scheinbare Misserfolg war ein großer Erfolg.

Ein Schüler dieser Wissenschaft hatte sich in den Kopf gesetzt, einen bestimmten Geschäftsabschluss zu erzielen, den er zu diesem Zeitpunkt für besonders wünschenswert hielt, und er arbeitete einige Wochen daran, um ihn zu verwirklichen. Doch als der entscheidende Moment gekommen war, scheiterte die Angelegenheit auf völlig unerklärliche Weise. Es war, als hätte ein unsichtbarer Einfluss im Geheimen gegen ihn gearbeitet. Er war deshalb aber nicht enttäuscht, sondern dankte im Gegenteil Gott dafür, dass sich sein Wunsch nicht erfüllt hatte, und führte seine Geschäfte unbeirrt und mit dankbarer Haltung weiter. Innerhalb weniger Wochen eröffnete sich ihm eine viel bessere Gelegenheit, die ihm zeigte, dass er das ursprünglich geplante aber nicht zustande gekommene Geschäft auf keinen Fall hätte abschließen sollen, und er erkannte, dass ein Geist, der mehr als er selbst wusste, ihn davor bewahrt hatte, das bessere Geschäft nicht machen zu können, weil er zu viel Engagement in ein schlechteres investierte.

Auf diese Weise wendet sich jeder scheinbare Misserfolg für dich zum Guten, wenn du dir deinen Glauben bewahrst, an deiner Absicht festhältst, Dankbarkeit empfindest und jeden Tag alles tust, was an dem Tag getan werden kann, während du jeden einzelnen Schritt auf erfolgreiche Weise ausführst.

Wenn du einen Misserfolg erlebst, liegt das daran, dass du dir nicht genug vorgenommen hast. Mach weiter und du erreichst mit Sicherheit etwas Größeres, als du ursprünglich geplant hattest. Sei dir dessen immer bewusst.

Du wirst nicht versagen, weil dir das nötige Talent für das, was du tun willst, fehlt. Wenn du so vorgehst, wie ich es dir erklärt habe, wirst du all das Talent entwickeln, das du benötigst, um deine Arbeit tun zu können.

Es ist im Rahmen dieses Buches nicht möglich, dass wir uns mit der Wissenschaft von der Kultivierung eines Talents befassen. Aber der Prozess ist so sicher und einfach wie der, der zu Reichtum führt.

Zögere oder schwanke deshalb nicht aus Angst, du könntest, wenn du eine bestimmte Stufe erreichst, aus Mangel an Fähigkeiten versagen. Schreite unbeirrt voran, und du wirst über die nötige Fähigkeit verfügen, wenn du die Stufe erreichst.

Dieselbe Quelle der Fähigkeiten, die den ungebildeten **Lincoln** in die Lage versetzte, in seinem Regierungsamt mehr zu bewirken, als je ein anderer vor ihm, steht auch dir zu Verfügung. Du kannst auf die Weisheit des universellen Geistes zugreifen, um den Verantwortlichkeiten gerecht zu werden, die dir auferlegt werden. Schreite mit Zuversicht voran.

Studiere dieses Buch. Mache es zu deinem ständigen Begleiter, bis du die Ideen verstanden und übernommen hast, die es enthält.

Während du deinen Glauben stärkst und verfestigst, bist du gut beraten, die meisten deiner Freizeitaktivitäten und Vergnügungen aufzugeben und dich von Orten fernzuhalten, wo in Vorträgen und Predigten Vorstellungen und Ansichten verbreitet werden, die den Ideen dieses Buches entgegenstehen. Lies keine pessimistische oder deinem Denken widersprechende Literatur und lass dich auf keine Diskussionen zu diesem Thema ein. Lies möglichst wenig außerhalb der Werke der im Vorwort erwähnten Autoren. Verbringe den größten Teil deiner Freizeit damit, dich in Gedanken mit deiner Vision zu beschäftigen, deine Dankbarkeit zu kultivieren und dieses Buch zu lesen. Es enthält alles, was du über die Wissenschaft vom Reichwerden wissen musst. Eine Zusammenfassung der wesentlichen Punkte findest du im folgenden Kapitel.

17. Zusammenfassung

Es gibt einen denkenden Stoff, aus dem alle Dinge gemacht sind, und der in seinem ursprünglichen Zustand alle Zwischenräume im Universum durchdringt und erfüllt.

Eine gedankliche Vorstellung, in diese Substanz eingebracht, erschafft das erdachte Objekt.

Der Mensch kann also in Gedanken Dinge formen und gestalten und, indem er sie der Formlosen Substanz einprägt, deren Erschaffung bewirken.

Um dies zu erreichen, muss der Mensch von einer Geisteshaltung des Konkurrenzkampfes zu einer schöpferischen überwechseln. Andernfalls kann er nicht mit der Formlosen Intelligenz harmonieren, die im Geiste immer schöpferisch, aber nie konkurrenzbetont agiert.

Der Mensch kann durch lebendige und aufrichtige Dankbarkeit für die Segnungen, die sie ihm gewährt, in volle Harmonie mit der Formlosen Substanz kommen. Dankbarkeit vereinigt den Geist des Menschen mit dem Geist der Substanz, sodass die Gedanken des Menschen vom Formlosen aufgenommen werden. Der Mensch kann nur auf der schöpferischen Ebene verbleiben, indem er sich mit der Formlosen Intelligenz durch ein tiefes und ständiges Gefühl der Dankbarkeit verbindet.

Der Mensch muss ein klares und deutliches Bild dessen, was er haben, tun oder werden will, formen und dieses mentale Bild in seinem Bewusstsein halten, während er tiefe Dankbarkeit gegenüber dem Höchsten dafür hegt, dass ihm all seine Wünsche erfüllt werden. Ein Mensch, der reich werden will, muss seine Freizeit dazu nutzen, sich in Gedanken ausführlich mit seiner Vision zu beschäftigen und aufrichtige Dankbarkeit dafür zu empfinden, dass sie für ihn Wirklichkeit wird.

Es kann nicht überbetont werden, wie wichtig die ständige mentale Beschäftigung mit dem geistigen Bild in Verbindung mit unerschütterlichem Glauben und inniger Dankbarkeit ist. Dies ist der Prozess, durch den das geistige Bild an das Formlose übermittelt und die schöpferischen Kräfte mobilisiert werden.

Die schöpferische Energie wirkt über die bestehenden Kanäle des natürlichen Wachstums sowie über die der wirtschaftlichen und gesellschaftlichen Ordnung. Alles, was in seinem geistigen Bild enthalten ist, wird den sicher erreichen, der der vorstehenden Anleitung folgt und dessen Glaube nicht wankt. Was er sich wünscht, wird über die gängigen Wege und Kanäle von Handel und Kommerz zu ihm kommen.

Um sein Eigen empfangen zu können, wenn es zu ihm kommt, muss der Mensch aktiv sein. Und diese Aktivität kann nur darin bestehen, dass er seinen gegenwärtigen Platz mehr als ausfüllt. Er muss seine Absicht im Geist aufrechterhalten, durch die Verwirklichung seines geistigen Bildes reich zu werden. Und er muss jeden Tag alles tun, was an diesem Tag getan werden kann, und dabei darauf achten, jeden einzelnen Schritt auf erfolgreiche Weise auszuführen. Er muss jedem einen Nutzwert geben, der den Geldwert dessen übersteigt, was er erhält, sodass jede Transaktion zu mehr Leben beiträgt. Und er muss vom Gedanken des Vorankommens so überzeugt sein, dass er allen, mit denen er in Kontakt kommt, den Eindruck von Wachstum und Vermehrung vermittelt.

Die Männer und Frauen, die die vorangegangenen Unterweisungen praktizieren, werden sicher reich werden, und der Reichtum, den sie erhalten, wird in genauer Proportion zur Klarheit ihrer Vision, der Festigkeit ihrer Absicht, der Beständigkeit ihres Glaubens und der Tiefe ihrer Dankbarkeit stehen.

Anhang

Über den Autor

Wallace Delois Wattles wurde 1860 im Bundesstaat Illinois im Mittleren Westen der USA geboren. Sein Vater war Gärtner, seine Mutter besorgte den Haushalt. Wallace wuchs während des Amerikanischen Bürgerkriegs (1861-1865) und im Anschluss daran auf. Über seine Kindheit und Jugendjahre weiß man wenig. Bekannt ist, dass er eine nur bescheidene Schulbildung mit auf den Weg bekam.

Mit zwanzig Jahren lebte er mit seinen Eltern auf einer Farm in Nunda Township, Illinois und verdiente sein Geld als Hilfsarbeiter in der Landwirtschaft. Seine Tochter Florence berichtete später in einem Brief an seine Verlegerin, dass Wallace sich aus der Welt des Wohlstands ausgeschlossen gefühlt habe.

Irgendwann in seinen Zwanzigern heiratete er und wurde in den Folgejahren Vater eines Sohnes (1883) und zweier Töchter (1888 / 1894).

Sein Leben begann sich entscheidend zu verändern, als er kurz vor Weihnachten 1896 an einer Tagung protestantischer Reformer in Chicago teilnahm und dort George Davis Herron kennenlernte. Der Geistliche einer kongregationalistischen Kirche und Professor für Angewandtes Christentum am Grinnell College in Iowa erregte zu dieser Zeit landesweites Aufsehen, weil er eine Art christlichen Sozialismus predigte.

Nach diesem Treffen entwickelte sich Wattles zu einem Visionär und begann zu schreiben. In seinem Denken beeinflusst wurde er dabei unter anderen von den Werken der Philosophen **Descartes**,

Emerson, Hegel, Leibniz, Schopenhauer, Spinoza und Sweden-borg sowie der Ideenwelt der New Thought-Bewegung.

Außerdem begann Wattles zu reisen, nach Chicago, wo führende Köpfe der New Thought-Bewegung lebten, und immer wieder nach Indiana, um dort Vorträge zu halten.

Über die New Thought-Bewegung kam er auch in Kontakt mit seiner Verlegerin Elizabeth Towne. In der Folge schrieb er Beiträge für ihr Magazin Nautilus und veröffentlichte seine Bücher in ihrem Verlag. Dabei hatte er stets ein lebhaftes Bild von sich selbst als erfolgreichem Schriftsteller vor Augen und verfolgte die Absicht, es zu verwirklichen, mit unerschütterlichem Glauben daran, das Ziel zu erreichen.

Seine Methode erwies sich für ihn als wirksam. Und so wundert es nicht, dass Wattles, der in sehr bescheidenen Verhältnissen groß geworden war und bis ins Erwachsenenleben hinein gelebt hatte, sich zu einem wohlhabenden Schriftsteller mit Einfluss entwickelte, indem er sein persönliches Denken und Handeln konsequent an den Prinzipien ausrichtete, die er in *Die Wissenschaft vom Reichwerden* darlegt. „Er lebte", erzählte seine Tochter Florence später über ihn, „was er schrieb."

Im Jahr vor seinem Tod verfasste Wattles seine beiden letzten Bücher „The Science of Being Well" und „The Sciene of Getting Rich", was sein erfolgreichstes wurde und auch mehr als hundert Jahre nach seinem Ableben noch gekauft, gelesen und zitiert wird und das Leben zahlloser Menschen beeinflusst und leitet.

Wallace D. Wattles starb am 7. Februar 1911 in Ruskin, Tennessee.

Personen

Carnegie

Andrew Carnegie (1835–1919) war ein US-amerikanischer Tycoon in der Stahlbranche und der reichste Mann seiner Zeit. Berühmt war er auch als großzügiger Philanthrop.

Descartes

René Descartes (1596–1650) war ein französischer Philosoph, Naturwissenschaftler und Mathematiker und gilt als Begründer des modernen frühneuzeitlichen Rationalismus. Seine Schriften wurden 1663 vom Heiligen Stuhl (sprich: von der Katholischen Kirche) auf den Index Librorum Prohibitorum (Verzeichnis der Verbotenen Bücher) gesetzt.

Edison

Thomas Alva Edison (1847–1931) war ein US-amerikanischer Erfinder und Unternehmer auf dem Gebiet der Elektrizität und Elektrotechnik, der besonderes Geschick darin bewies, seine Erfindungen in marktfähige Produkte zu verwandeln. Seine grundlegenden Erfindungen hatten großen Einfluss auf die allgemeine technische und kulturelle Entwicklung.

Emerson

Ralph Waldo Emerson (1803-1882) war ein US-amerikanischer Philosoph, Schriftsteller und Führer der Transzendentalisten in Neuengland, dessen Philosophie, in deren Mittelpunkt das Leben des Menschen in Einklang mit der Natur steht, auch heute noch von weitreichender Bedeutung ist.

Hegel

Georg Wilhelm Friedrich Hegel (1770–1831) war ein deutscher Philosoph. Er gilt als wichtigster Vertreter des deutschen Idealismus.

Hill

James Jerome Hill (1838–1916) war ein kanadisch-amerikanischer Eisenbahn-Tycoon, der ab 1901 die beiden Unternehmen Great Northern Railway und Northern Pacific und damit ein riesiges Streckennetz kontrollierte.

Jones von Toledo

Samuel M. Jones (1846–1904), auch Samuel Milton "Golden Rule" Jones genannt, stammte aus ärmlichen Verhältnissen und war nach Jahren im Ölgeschäft und anschließend als Erfinder und Fabrikant von 1897 bis zu seinem Tod Bürgermeister von Toledo, Ohio (USA) und für und wegen seiner Politik bekannt und beliebt, die sich stark an der „Goldenen Regel" orientierte.

Leibniz

Gottfried Wilhelm Leibniz (1646–1716) war ein deutscher Mathematiker, Diplomat, Historiker, politischer Berater der frühen Aufklärung und einer der bedeutendsten Philosophen des ausgehenden 17. und beginnenden 18. Jahrhunderts. Er gilt als der universale Geist seiner Epoche.

Lincoln

Abraham Lincoln (1809-1865) wurde in einer Blockhütte als Sohn eines Farmer-Ehepaares geboren. Seine Schulbildung war löchrig und rudimentär, weshalb er sich seine umfassende Bildung als Autodiktat aneignete. Trotz des bescheidenen Starts ins Leben, war er von 1861 bis 1865 der 16. Präsident der Vereinigten Staaten von

Amerika. Im Jahr nach seiner Wiederwahl fiel der entschiedene Gegner der Sklaverei – als erster von mehreren amerikanischen Präsidenten - einem Attentat zum Opfer. Seine Präsidentschaft gilt als eine der bedeutendsten in der Geschichte der USA.

Marconi

Guglielmo Marconi (1874–1937) war ein italienischer Funk- und Radiopionier, der das Unternehmen Wireless Telegraph & Signal Company (aus dem später die Marconi Company hervorging) gründete, und 1909 gemeinsam mit Ferdinand Braun den Nobelpreis für Physik erhielt.

Morgan

J. P. Morgan (John Pierpont Morgan; 1837–1913) war ein US-amerikanischer Unternehmer und gilt als der einflussreichste Privatbankier seiner Zeit.

Rockefeller

John D. Rockefeller (1839-1937) - Der US-amerikanische Unternehmer und Erdölmagnat gilt als einer der reichsten Menschen der Neuzeit. Als Philanthrop gründete er verschiedene öffentliche Einrichtungen, darunter das Rockefeller Institute for Medical Research, das General Education Board und die University of Chicago.

Salomo

König Salomo war – nach Darstellung der Bibel – im 10. Jahrhundert v. Chr. Herrscher des vereinigten Königreichs Israel und gilt als der Erbauer des ersten Tempels in Jerusalem sowie als dritter und letzter König Israels.

Schopenhauer

Arthur Schopenhauer (1788–1860) war ein deutscher Philosoph, Autor und Hochschullehrer, dessen Philosophie Vorstellungen und Anregungen aus den Gedankenwelten von Immanuel Kant und Platon sowie aus östlichen Philosophien bezog. Sein Hauptwerk trägt den Titel „Die Welt als Wille und Vorstellung".

Spinoza

Baruch de Spinoza (1632–1677) war ein niederländischer Philosoph. Der Sohn portugiesischer Immigranten gilt als einer der Begründer der modernen Bibel- und Religionskritik und einer der radikalsten Philosophen der frühen Neuzeit.

Swedenborg

Emanuel Swedenborg (1688–1772) war ein schwedischer Wissenschaftler, Mystiker und Theosoph, der Philologie, Philosophie, Mathematik und Naturwissenschaften sowie Theologie studiert hatte. In seiner Zeit als Assessor des Bergwerkskollegiums zu Stockholm machte er mehrere mechanische Erfindungen.

Auf ausgedehnten Reisen durch Deutschland, England, Frankreich, Holland und Italien entwickelte er ein System der Natur, das er in mehreren wissenschaftlichen Werken darlegte. In späteren Jahren wandte er sich theosophischen Studien zu und gab 1747 seine amtliche Stellung auf, um sich ungestört der Verwirklichung seiner religiösen Vorstellungen widmen zu können.

Die Liste der von ihm und seiner theosophischen Lehre beeinflussten Persönlichkeiten ist lang und umfasst berühmte Namen aus den Bereichen Bildende Kunst, Literatur, Musik, Philosophie, Psychologie und Theologie.

Weitere Erfolgsklassiker

Wie wir denken, so leben wir

Mit seinem Buch „Wie wir denken, so leben wir" (As A Man Thinketh) liefert **James Allen** nichts Geringeres als einen Schlüssel zu einem selbstbestimmten Leben. Dabei macht er kein Geheimnis daraus, dass er diesen Schlüssel nicht selbst „erfunden" hat. Vielmehr hat er ihn wiederentdeckt: in alten Schriften wie der Bibel und dem Dhammapada (Anthologie von Aussprüchen des historischen Buddha), in traditionellen westlichen und östlichen Philosophien und Denkweisen.

Was er schließlich zu Papier brachte, beruhte auf den Erkenntnissen, die er aus diesen Lehren gezogen hat, und vor allem auf seinen persönlichen Erfahrungen. Denn James Allen war alles andere als ein Theoretiker.

Er hat sich kurz gefasst, und das ist ein Vorteil, denn ein Buch wie dieses liest man nicht einmal, sondern mehrmals, bis sich das vermittelte Wissen dem Unbewussten eingeprägt hat und zur verlässlichen Grundlage des eigenen Denkens und Handelns geworden ist. Das ist wichtig, denn erst so kann es seine Wirkung entfalten und zu nachhaltigen Veränderungen führen.

Der Erfolgsklassiker **As A Man Thinketh** von James Allen in aktueller Übersetzung.

Softcover: 978-3-7322-4960-2 - E-Book: 978-3-7322-2180-6 – auch als Hörbuch erhältlich

---

Das Lebensspiel und wie man es spielt

Die meisten Menschen halten das Leben für einen Kampf, doch es ist kein Kampf, sondern ein Spiel. Erfolgreich spielen kann dieses Spiel nur, wer die Regeln kennt.

Die bekannte New Thought-Autorin **Florence Scovel Shinn** erklärt in ihrem Erstlingswerk die Regeln des Lebensspiels mit einfachen Worten und leicht verständlich anhand von Beispielen aus ihrer täglichen Praxis. Und sie verrät Ihnen, wie Sie Ihre persönlichen Lebensumstände nach Ihren Vorstellungen und Wünschen ändern können.

Der Klassiker **The Game of Life and How to Play It**

von **Florence Scovel Shinn** in aktueller Übersetzung von Günter W. Kienitz.

Softcover: 978-3-8423-4873-8 – Hardcover: 978-3-7386-2581-3
E-Book: 978-3-8448-5776-4 - auch als Hörbuch erhältlich

Der Weg zu Glück und Wohlstand

Vielleicht geht es Ihnen ähnlich, wie so vielen Menschen: Sie haben finanzielle Sorgen, die Sie nachts nicht schlafen lassen, und sehnen sich nach Wohlstand. Sie fühlen sich müde und ausgelaugt und wären gerne wieder so fit und voller Energie, wie noch vor ein paar Jahren als Kind. Sie wünschen sich Erfolg, doch Ihre Lebensumstände lassen das einfach nicht zu. Und was auch immer Sie unternehmen, um Ihre Situation zu verbessern, misslingt.
Sie sind mit Ihrem Leben unzufrieden. Dabei geht es auch anders – auch für Sie!

James Allen verrät Ihnen in diesem Buch, wie und warum man in widrige Lebensumstände gerät, und erklärt, wie man sich aus eigener Kraft daraus befreien kann.

Er zeigt Ihnen, wie Sie sich vom vermeintlichen Spielball des Schicksals zu einer Persönlichkeit entwickeln, die ihre Lebensumstände selbst kontrolliert und steuert.

Wenn Sie Ihr Leben verändern wollen, ist heute der beste Tag, damit zu beginnen. Nehmen Sie James Allens Einladung an und folgen Sie ihm auf dem Weg zu Glück und Wohlstand.

The Path of Prosperity von James Allen in aktueller Übersetzung.

Softcover: 978-3-7347-5725-9 - E-Book: 978-3-7392-5964-2

Dein Wort hat Macht und Magie

Mehr als mit irgendeinem anderen Menschen, reden wir mit uns selbst. Wir führen ständig Selbstgespräche, vom Aufwachen bis zum Einschlafen. Mit diesen inneren Dialogen beschreiben, affirmieren, schaffen und gestalten wir unsere Welt.
Dass Gedanken Wirkung haben, ist den wenigsten Menschen bewusst. Und wie unüberlegt und leichtfertig gehen wir oft damit um!
Florence Scovel Shinn erklärt Ihnen, wie sich Ihre Gedanken und Worte in der äußeren Welt manifestieren, und wie Sie Ihre Lebensumstände bewusst nach Ihren Wünschen beeinflussen und gestalten können.

Your Word is Your Wand von **Florence Scovel Shinn**
in aktueller Übersetzung von Günter W. Kienitz.

Softcover: 978-3-7431-0120-3 - E-Book: 978-3-7431-7055-1

Die verborgene Tür zum Erfolg

Warum haben manche Leute Erfolg, so viele andere aber nicht? Dieser Frage geht **Florence Scovel Shinn**, Pionierin der Selbsthilfe- und Erfolgs-Literatur auch in diesem, ihrem dritten Buch nach, das 1940 kurz vor ihrem Tod erschien.

Erfolgreiche Menschen unterscheiden sich von erfolglosen im Wesentlichen in einem Aspekt: ihrem Denken. Wenn Ihnen diese Aussage auf den ersten Blick sonderbar erscheint, fragen sie einen x-beliebigen Spitzensportler. Er wird ihnen bestätigen, dass neben der körperlichen Fitness vor allem Denkprozesse über Sieg oder Niederlage entscheiden – und der Glaube an sich selbst.

Wie denkt man, um ein erfolgreiches Leben zu führen? Das hat Florence Scovel Shinn Erfolgssuchenden in einer Vortragsreihe vermittelt. Den Inhalt der Vorträge hat sie in diesem Buch zusammengefasst.

Sie lernen, in jeder Lebenslage das Beste zu erwarten und sich aktiv darauf vorzubereiten. Sie beginnen Ihrer Intuition zu vertrauen und zu folgen, und den Verstand, wo er als Verhinderer auftritt, in die Schranken zu weisen. Und nach und nach werfen Sie all die Bürden ab, die Sie schon lange mit sich herumschleppen. So öffnen Sie die „verborgene Tür" und treten ein in ein Leben, das mehr zu bieten hat, als das, mit dem Sie zur Zeit nicht wirklich zufrieden sind.

Tom Butler-Bowdon zählt "The Secret Door of Success" zu den 50 wichtigsten Klassikern der Erfolgsliteratur.

The Secret Door to Success von **Florence Scovel Shinn** in aktueller Übersetzung.

Softcover: 978-3-7412-2291-7 – E-Book: 978-3-7412-7833-4

Gestalte die Welt mit Deinem Wort

Der **Florence Scovel Shinn**-Sammelband vereint ihre drei Klassiker:

- **Das Lebensspiel und wie man es spielt**
- **Dein Wort hat Macht und Magie**
- **Die verborgene Tür zum Erfolg**

ungekürzt und in aktueller Übersetzung.

Softcover: 978-3-7431-2863-7 - E-Book: 978-3-7431-8664-4

Gelegenheiten ohne Ende

"Eigentlich hätte ich ja dies oder das oder jenes werden oder erreichen wollen. Aber leider hatte ich nie die Gelegenheit."

Wie oft hört man diesen oder einen ähnlichen Satz? Meist folgt ihm eine lange Liste von Voraussetzungen, die für das Auftauchen von Gelegenheiten nötig gewesen wären aber eben nicht gegeben waren.

Der vermeintliche Mangel an Gelegenheiten ist kein spezielles Phänomen unserer Zeit. Schon in der Antike haben sich Menschen damit beschäftigt, und seither wurde das Thema immer wieder von Philosophen aufgegriffen. Sie alle haben uns eines gesagt: Gelegenheiten gibt es ohne Ende - für den, der Augen und Ohren in Erwartung offen hält, bereit ist zuzugreifen, wenn der Augenblick günstig ist, und willens zu tun, was nötig ist, um sie für sich zu nutzen.

Orison Swett Marden, der im Alter von acht Jahren Waise und anschließend in Pflegefamilien groß wurde, hat in seinem Leben reichlich Gelegenheiten gesehen, ergriffen und genutzt. Dabei kam er zu der festen Überzeugung, dass es jedem jederzeit möglich ist, Gelegenheiten zu entdecken und beim Schopf zu packen.

Der Text ist über hundert Jahre alt und trotzdem aktuell, weil Menschen auch heute häufig auf Gelegenheiten hoffen und warten, und sie dann doch nicht erkennen, wenn sie auftauchen.

Orison Swett Marden hat mit seinen Büchern Millionen von Menschen auf die Sprünge geholfen. Ob ihm das postum auch bei dir gelingt, liegt ganz bei dir!

Orison Swett Marden: The Man and the Opportunity (Pushing to the Front) in aktueller Übersetzung von Günter W. Kienitz.

E-Book: 978-3-7448-6401-5